世紀人物100

最能接受批評的皇帝

唐太宗

城菁汝　著

三民書局

獻給孩子們的禮物

主編的話

世界上最幸福的孩子，是他們一出生就有機會接近故事書，想想看，那些書中的人物，不論古今中外都來到了眼前，與他們相識，不僅分享了各個人物生活中的點滴，孩子們的想像力也隨著書中的故事情節飛翔。

不論世界如何演變，科技如何發達，孩子一世幸福的起源，仍然來自於父母的影響，如果每一個孩子都能從小在父母親的懷抱中，傾聽故事，共享閱讀之樂，長大後養成了閱讀習慣，這將是一生中享用不盡的財富。

三民書局的劉振強董事長，想必也是一位深信讀書是人生最大財富的人，在讀書人口往下滑落的多元化時代，他仍然堅信讀書的重要，近年來，更不計成本，連續出版了特別為孩子們策劃的兒童文學叢書，從「文學家」、「藝術家」、「音樂家」、「影響世界的人」系列到「童話小天地」、「第一次」系列，至今已出版了近百本，這僅是由筆者主編出版的部分叢書而已，若包括其他兒童詩集及套書，三民書局已出版不下千百種的兒童讀物。

劉董事長也時常感念著，在他困苦貧窮的青少年時期，是書使他堅強向上，在社會普遍困苦，而生活簡陋的年代，也是書成了他最好的良伴，他希望在他的有生之年，分享這份資產，讓下一代可以充分使用，讓親子共讀的親情，源遠流長。

「世紀人物 100」系列早就在他的關切中構思著，希望能出版孩子們喜歡而且一生難忘的好書。近年來筆者放下一切寫作，接下這份主編重任，並結合海內外有心兒童文學的作者共同為下一代效力，正是感動於劉董事

長致力文化大業的真誠之心，更欣喜許多志同道合的朋友，能與我一起為孩子們寫書。

「世紀人物100」系列規劃出版一百位人物故事，中外各占五十人，包括了在歷史上有關文學、藝術、人文、政治與科學等各行各業有貢獻的人物故事，邀請國內外兒童文學領域專業的學者、作家同心協力編寫，費時多年，分梯次出版。在越來越多元化的世界中，每個人都有各自的才華與潛力，每個朝代也都有其可歌可泣的故事，但是在故事背後所具有的一個共同點，就是每個傳主在困苦中不屈不撓，令人難忘的經歷，這些經歷經由各作者用心博覽有關資料，再三推敲求證，再以文學之筆，寫出了有趣而感人的故事。

西諺有云：「世界因有各式各樣不同的人群，才更加多采多姿。」這套書就是以「人」的故事為主旨，不刻意美化傳主，以每一位傳主的生活經歷為主軸，深入描寫他們成長的環境、家庭教育與童年生活，深入探索是什麼因素造成了他們與眾不同？是什麼力量驅動了他們鍥而不捨的毅力？以日常生活中的小故事，來描繪出這些人物，為什麼能使夢想成真。為了引起小讀者的興趣，特別著重在各傳主的童年生活描述，希望能引起共鳴。尤其在閱讀這些作品時，能於心領神會中得到靈感。

和一般從外文翻譯出來的偉人傳記所不同的是，此套書的特色是，由熟悉兒童文學又關心教育的作者用心收集資料，用有趣的故事，融入知識，並以文學之筆，深入淺出寫出適合小朋友與大朋友閱讀的人物傳記。在探討每位人物的內在心理因素之餘，也希望讀者從閱讀中，能激勵出個人內在的潛力和夢想。我相信每個孩子在年少時都會發呆做夢，在他們發呆和

做夢的同時，書是他們最私密的好友，在閱讀中，沒有批判和譏諷，卻可隨書中的主人翁，海闊天空一起遨遊，或狂想或計畫，而成為心靈知交，不僅留下年少時，從閱讀中得到的神交良伴（一個回憶），如果能兩代共讀，讀後一起討論，綿綿相傳，留下共同回憶，何嘗不是一幅幸福的親子圖？

2006 年，我們升格成為祖字輩，有一位朋友提了滿滿兩袋的童書相送，一袋給新科父母，一袋給我們。老友是美國國家科學院院士，曾擔任過全美閱讀評估諮議委員，也是一位慈愛的好爺爺，深信閱讀對人生的重要。他很感性的說：「不要以為娃娃聽不懂故事，我的孫兒們一出生就聽我們唸故事書，長大後不僅愛讀書而且想像力豐富，尤其是文字表達能力特別強。」我完全同意，並欣然接受那兩袋最珍貴的禮物。

因為我們同樣都是愛讀書、也深得讀書之樂的人。

謹以此套「世紀人物100」叢書送給所有愛讀書的孩子和家庭，以及我們的孫兒——石開文，他們都是世界上最幸福的孩子，因為從小有書為伴，與愛同行。

你知道歷史上哪位皇帝開創了「貞觀之治」，又被外族尊稱為「天可汗」嗎？

你知道「水能載舟，亦能覆舟」與「以人為鏡，可以明得失」這兩句名言的由來嗎？

你家門口是否有貼門神像？你知道門神的故事嗎？這些故事都發生在本書主角唐太宗李世民的身上。

唐太宗出身貴族世家，自幼學武習字，十六歲就展露領兵作戰的才華，在唐朝的建立過程中，立下汗馬功勞，又以本身的才華與魅力吸引了一群賢臣與良將輔佐。可惜，這個主人翁鋒芒太盛，遭到親兄弟的忌妒與迫害，進而發生「玄武門事變」，他不得不在玄武門前殺死兄弟。這場事變是唐太宗一生中最為後世所批評和不諒解的汙點。作者試著揣摩唐太宗當時所處的情境與心情，希望能客觀的描繪此事。

姑且不論「玄武門事變」的對錯是非，李世民當上皇帝後，非常努力的要求自己當個好皇帝。他時刻都以隋煬帝楊廣為例子警惕自己，所以廣開言路，鼓勵大臣上諫，虛心檢討錯誤，又選賢與能，用人不分親仇（親人像妻舅長孫無忌，仇人如太子黨人魏徵），因此開創了百姓富足、國勢強盛的盛世，歷史上稱為「貞觀之治」，這也是中國歷史輝煌閃耀的黃金時代。現今的日本與韓國在當時都多次派遣留學生到長安學習，希望能吸收唐朝的文化。就算到今日，許多海外的華僑還是自稱為「唐人」，將居住的街道命名為「唐人街」，這些都是唐朝的影響。

唐太宗在中國歷史上最讓人稱道的是他勇於接受批評，樂於接受批評，可以說是「最能接受批評的皇帝」。試想如果平日你想要出去玩的時候，有人阻止你說：「要等功課寫完才可以出去玩！」而當你想要買玩具的時候，又跟你說：「這樣很浪費錢。」這些情景若放到古代，應該就像書中太子李承乾的老師勸戒他的話：「多讀書，少浪費，多體諒百姓。」或魏徵以「勞民傷財」勸阻唐太宗舉行封禪大典。同樣是勸阻的話，太子李承乾就火冒三丈，挾怨報復，而唐太宗則虛心接受，深自反省。小讀者們，當你們聽到批評與反對的話時，當下你們的反應又是怎樣呢？

　　本書是唐太宗一生的故事，穿插介紹出現在他生命中重要的人物，如：賢明的長孫皇后，以及輔佐他開創貞觀盛世的大臣們，如：長孫無忌、房玄齡、杜如晦、魏徵、尉遲敬德、李靖等人。希望透過閱讀此書，大家可認識這位中國歷史上最能接受批評的皇帝——唐太宗。

寫 書 的 人

城菁汝

　　熱愛看小說、逛博物館以及上網。大學讀歷史系，畢業後留學英國攻讀博物館學研究，回國後投入數位資訊的行列中。感謝三民書局委託撰寫「世紀人物100」系列中的「朱元璋」和「唐太宗」兩人的傳記，才找到理由逼自己重新溫習書架上閒置許久的書籍，而透過閱讀與寫作又再一次愛上歷史，也希望這兩本書可以當引路磚，帶領小讀者們認識歷史上兩位不凡的皇帝。

最能接受批評的皇帝

唐太宗

目次

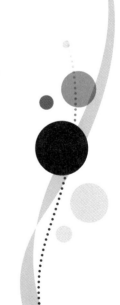

世紀人物
100

唐太宗

599～649

1 童年與少年時期

皇親國戚，顯赫門第

隋文帝年間（開皇十八年，599 年），北風呼呼的吹，大雪連續下了好幾晚，四周一片白茫茫。在現今陝西省境內，一處華貴的大宅第裡，溫暖且燈火通明的房間內室，床上躺著一位美貌且氣質華貴的婦女現正臨盆，僕人們不斷送熱水忙進忙出，一旁的婢女們也拿著帕子頻頻擦拭著婦人冒汗的額頭，產婆站在床邊道：「夫人，用點力……再出點力……。」

門外站著一位年紀約三十歲左右，身材挺拔，一身灰袍的男子。他的雙手緊握，神情緊張，不停的來回走來走去。這時，大宅的總管突然來到房外，彎身稟報道：「老爺，門外有一位道士求

見。」

男子眼神緊盯著房門，只用手揮一揮，不耐煩的道：「老陳，你分不清楚事情的輕重緩急嗎？見什麼道士！不見不見，拿些碎銀打發他走。」

老陳仍是彎著腰，吶吶的道：「老爺……可是這道士指名要求見大名鼎鼎『雀屏中選』＊的唐公……。」男子聽了眉頭一皺，想了幾秒後，轉身道：「把他帶到書房。」

＊雀屏中選　是李淵與他妻子竇夫人的故事。竇夫人年輕時就以美貌與才智聞名，竇夫人的父親竇毅是隋朝大臣，覺得自己的女兒才貌雙全，一定要選個優秀頂尖的年輕人才能與女兒相配，於是就想出了個測試辦法：在門上畫了兩隻栩栩如生、色彩斑斕的孔雀，凡是前來求親者，只要能在百步外，以兩箭射中孔雀眼睛，就把女兒嫁給他。由於孔雀的眼睛實在是太小，非常難瞄準，許多求婚者都失敗了。李淵自小習武，對箭術更是專精，聽到消息後也前往一試。只見李淵架勢十足的拉開弓，「咻！咻！」兩聲，箭已射中孔雀兩眼。竇毅看李淵一表人才，箭術高超，便很開心的將女兒許配給李淵，這就是「雀屏中選」成語的由來。後來，「雀屏中選」就用來指被選中當女婿之意。

　　原來這位男子名叫李淵，出身貴族，自幼即承襲父親的爵位為唐公，當朝皇帝隋文帝是他的姨丈，他受到隋文帝的賞識，擔任朝中要職。此時，李淵正帶著懷有身孕的妻子竇氏要回朝述職*，沒想到妻子突然臨盆，他們只好先暫時待在李家的別館中。李淵行事一向十分低調，雖然身為皇親國戚又是朝廷官員，但為避免擾民，一路上都喬裝成商旅的模樣，就連這所宅邸，當地人也都以為只是京城商人的別墅。李淵心想：「應該是不會有人知道我的身分……這個道士不僅知道，還說得出當年我與夫人『雀屏中選』的事，想必不是普

*回朝述職　指官員回到京城，向皇帝報告事情。中國地域很廣，有許多官員派駐各地，皇帝為了能掌握地方狀況與人民心聲，地方官員每隔一陣子就需要回到京城，向皇帝報告地方的狀況。

通的道士。」

　　書房中，一個身材高瘦，穿著淺灰色道袍，年約四十歲上下的道士正坐在太師椅上細細品茗，連李淵這個主人進來，也不起身打招呼。李淵雖然出身貴族，但因為自幼習武，長年與武士、軍人相處，所以待人接物都一視同仁，當下也不覺得道士無禮，心中反而升起一股好奇心，開口道：「在下是李淵，這位道長不知怎麼稱呼？」

　　「哈哈哈！唐公果然是位禮賢下士之人，不枉我黃雍今日前來提點。」道士放下茶杯，雙目有神的直視著李淵道。

　　李淵這時才注意到道士臉上有著明顯的八字眉，說話時眉毛連動都不動，只是簡短兩句話就將身分與來意點明。李淵當下屈身向前作揖，道：「黃先生，不知對李淵有何見教？」

　　黃雍伸出三根手指，道：「只有三件事，第一、養精蓄銳，培養實力。第二、潛結英俊，密招豪友。第三、以幼代長，避免鬩牆＊。」

　　李淵一聽臉色大變，心道：「目前天下太平，百姓生活安樂富足，這第一、二點聽起來就像是要起兵造反的建議，這可是大逆不道之舉。尤其是第三點『以幼代長』，更是不通……」正要開口詳問時，突然「哇──哇──哇──」嬰兒哭聲從遠方廂房處傳來。

　　黃雍也聽到這哭聲，起身拱手向李淵賀道：「恭賀唐公，喜獲麟兒，此兒有經世安民之才，須好好培養。」

　　李淵心思被這哭聲一擾，又

放大鏡

＊鬩牆　在牆內互相爭鬥，意指兄弟相爭失和。在此暗示李世民日後與兄弟間的爭鬥衝突。鬩，相爭；相鬥之意。

聽到黃雍的話，也忘了要詢問的事，只順著話道：「黃先生，你怎麼知道這是男孩呢？」

「唐公……」黃雍目光直視著李淵道：「請切記貧道今日所言。」轉身甩了手中拂塵一下，就要離去。

李淵見黃雍要離去，趕緊挽留：「黃先生……黃先生，請留步……。」黃雍卻頭也不回的往外走去，一瞬間就不見人影。

果然，竇夫人所生的是位公子，是李淵的二兒子。李淵並沒有跟任何人提起當晚與黃雍所談的事情，卻將這個兒子以黃雍所說的「經世安民」四字，取名「世民」。

李家代代都為武官，家中子弟無論男女都須習武，又因為與北方民族通婚，如竇夫人是鮮卑人而非漢人，所以李家的孩子從

小就具備騎馬打獵的好本領。這天，才剛滿十歲的李世民從郊外打獵回府，身上背著弓箭，靈活的大眼睛四處望來望去，他正在找竇夫人，想要與娘親分享今天打獵的成果，最後在書房窗口看到竇夫人坐在桌前。

「娘，娘……我今天打獵獵到兩隻兔子……。」李世民一邊推開門，一邊大聲嚷著報告成果。

書房中原本沉穩的氣氛，被李世民這聲叫嚷給打破，但坐在書桌前寫字的竇夫人頭沒有抬起，仍是氣定神閒的將最後一個字的一撇一捺寫完後，才放下筆，看著李世民，微笑道：「世民真厲害，那我們今天晚上有口福了。」

「娘，」李世民傾身看著桌上，原本雪白的紙此刻已寫滿整齊秀麗的毛筆字，「大家都說娘寫得一手好字，為什麼娘還是一

天到晚都在練字啊？」李世民眼中充滿疑惑問道。

竇夫人臉上露出微笑，沒有回答，反而問李世民說：「世民，今天其他人打獵的成績如何呢？」

李世民抓著頭想了一下，道：「王家兩兄弟都沒有獵到，陳家老大獵到一隻兔子。」

「嗯……這麼說是你的箭術最好了？既然世民已經是最厲害的了，那為什麼還要常常去練習呢？」

「因為我喜歡打獵呀！而且我的箭術還比不上爹跟大哥，所以……。」

「所以什麼呢？」竇夫人用明亮智慧的眼睛看著李世民問道。

「所以才要多練習。」李世民年紀雖小，但自幼聰明靈巧，想了一下後，恍然大悟道：「我懂了，不管是『寫字』還是『打獵』，都是要一直練習才會有好

成績，而對於自己喜歡的事情，練習一點都不辛苦，反而是很快樂的事。」

竇夫人摸摸李世民的頭，欣慰的道：「沒錯，你知道晉朝的王羲之怎麼教兒子練字嗎？」

「王羲之？王羲之……喔，就是娘最喜歡的書法家，娘都拿著他的字帖練字，他也有兒子喔？」

「沒錯。」竇夫人看著李世民說：「王羲之人稱『書聖』，寫得一手好字。他的兒子叫王獻之，王獻之在跟你一樣大的時候，請他爹教他寫好字的祕訣，王羲之只是用手指著院中十八口大水缸告訴他說，用這些缸裡的水磨墨，等到水用光了，就知道祕訣了。」

李世民吐了吐舌頭，大叫：「十八缸水，那寫完不就累死了？」

　　竇夫人拍了一下李世民的頭，道：「王獻之後來也成為大書法家，人稱『小聖』，與王羲之合稱『二王』。天下沒有不勞而獲的事。王獻之小小年紀就有決心可以練完十八缸水，你與他年紀相同，志氣怎麼會如此不同？」

　　李世民聽了很慚愧，同時也升起了一股不服輸的傲氣，心中下了決定。他抬起頭，大聲且堅定的道：「娘，您教訓的是。世民從今天開始，除了每日練習騎射外，也會勤勉習字，絕不會讓您失望的。」

　　從那天起，李世民每日除了習武外，也認真的習字。習字就是寫書法，這門藝術需要聚精會神的讀帖、臨帖，因此也培養了他的耐心與恆心。長時間下來，李世民不僅武藝過人，更寫得一手好字。

　　話說李世民自從出生後，就

隨著父親李淵的任官在全國各地調動，可說是遊歷了大江南北，因此也熟習各地的風俗民情。他個性不拘小節，不論是貴族子弟或是販夫走卒都可以結交。這年，李世民十五歲，隨著父親的調動回到了京城大興，在大興城東邊的府邸居住下來。

棋書締親，天作之合

月亮是十五的滿月，夏天的蟬「吱——吱——吱——」作響，大興西邊的高府書房裡，老爺高士廉與外甥長孫無忌正在討論外甥女的婚事。

「無忌啊，你說說看，放眼京城中，哪家子弟配得上我們家靜兒？」高士廉大約四、五十歲上下，有著胖胖的身材，穿著藍色的長袍坐在太師椅上，開口問道。

坐在前方椅子上的是一個氣

質儒雅沉穩，作文人打扮的年輕人，聽到這話眼睛才從書本中抬起，道：「舅舅，妹妹年紀還小，這事不急吧。」

「什麼不急，我朝女子都十歲上下就婚配，要不是你爹過世得早，你們兄妹倆早就完成婚姻大事了。這事說來是舅舅的疏忽，千萬不可再拖下去了。」長孫無忌與妹妹長孫靜出身軍事名門，父親是隋朝大將軍，但因為父親早逝，兩人自小就隨著母親在舅舅家長大。高士廉是隋朝有名的文人，兄妹倆自幼跟著高士廉讀書，不像將門之後反倒更像是出身書香世家。當時兩兄妹分別是京城中年輕男女仿效的對象，長孫無忌以機智儒雅、博學文史見長，而妹妹長孫靜則以靈慧聰穎、禮儀通達聞名。

長孫無忌向來尊重舅舅，聽高士廉這麼堅持，只能回覆道：

「舅舅說得是，一切聽您的。」

「呵呵……這麼說你也同意了。那……」高士廉就等長孫無忌這句話，當下接著問道：「今天下午我經過書房，看到你的一群朋友中，有一個穿著藍色打獵服裝的年輕人，相貌堂堂，儀表出眾，尤其他寫得一手好字，用筆遒勁，字體灑脫自在。他是何家子弟？」

長孫無忌看了舅舅一眼，好笑道：「您都已經有屬意的人選了，還問我？」長孫無忌回想昨日書房的情形，他與一群平日交好的朋友們正在聊最欽佩的書法家，有人說「秦朝李斯、漢代蔡邕」，也有人說「草聖張芝、曹魏鍾繇」，只有李世民坐在一旁沒有出聲，微笑看著大家。

「世民，你說說你最喜歡的書法家是誰？」李世民聽了沒有回答，只是起身走到書桌前拿筆揮

毫數字，然後拿給大家看，眼神中閃著光芒，開口道：「你們猜猜看。」

只見雪白的紙上寫著五個黑色大字：「之之之之之」，雖然都是「之」，但每個字都有不同的表現，有工整雄健的「之」字、也有如行雲流水般的「之」字。

「要你寫書法家，你寫五個『之』字做什麼？」「歷代有哪一個書法家的名字是『之之之之之』的？」大家一片譁然，七嘴八舌的討論著。

長孫無忌看了，心思一轉已明白，當下佩服讚道：「妙啊！高明！以『之』字點出王羲之的〈蘭亭集序〉＊。我只知世民你精於射獵，不料竟也寫得一手好字，真是深藏不露喔！」

長孫無忌沉思了一陣子，心想：「舅舅應該是那時經過的。」才拱手回道：「他是唐國公的二公

子，名為李世民。前陣子才回京城，是我最近新認識的朋友。」

「唐國公……唐國公是李淵……李淵……。」高士廉突然用手大力一拍桌，喜道：「巧，巧，巧，真是太巧了。果真是英雄所見略同。」

長孫無忌一臉狐疑的望著舅舅，問道：「什麼巧？所見略同？……舅舅您是指什麼？」

「呵呵呵！很久以前我曾跟你爹，還有你伯父隨口談到靜兒的婚事。」高士廉摸著下巴上的鬍子回想道：「當時你伯父曾說：『李淵的夫人竇氏是位奇女子，這樣

放大鏡

＊〈蘭亭集序〉　是晉朝書法家王羲之在喝醉酒微醺的情形下，揮筆寫下春天三月遊玩飲酒熱鬧的情形，全文一氣呵成，恣意揮灑，是書法經典之作，被稱為「行書第一」。其中內容中出現二十幾個「之」字，每個「之」字寫法都不同，千姿百態，令人讚嘆不已。李世民自幼隨母親竇夫人臨摹王羲之的字帖，對王羲之字體模仿得幾近神似，加上〈蘭亭集序〉以「之」字聞名，所以長孫無忌一看，馬上就猜出李世民的謎底。

聰慧的母親必有不凡的兒子，搞不好可以與靜兒婚配。』」

原來竇夫人是前朝皇帝北周武帝的外甥女，北周武帝相當疼愛這位聰慧的外甥女。當年，北周武帝不喜歡皇后，才十一、二歲的竇夫人對北周武帝說:「皇舅娶皇后，是因為皇后是突厥公主，想要安撫突厥，與突厥和平相處。希望皇舅以天下蒼生為念，多多撫慰皇后，這樣，突厥就找不到藉口趁機作亂了。」竇夫人小小年紀就有不凡的見解，人們都以「才女」稱之。

「原來還有這段故事啊，舅舅與伯父都相中李世民，果真是巧。」長孫無忌驚奇道，「嗯……若是李世民，」沉吟了一會兒:「跟妹妹倒是挺相配的。」

「呵呵呵！那就這麼說定了，我明早就去唐國公府提親。」高士廉笑道。

　　同時間，京城東邊的唐國公府中，李世民望著窗外的滿月，想著今天在高府中的情形，他想的不是高府書房中討論書法的那幕，而是高府花園中一起下棋的姑娘，那位姑娘的機智與美麗令他印象深刻。

　　當時李世民離開書房透透氣，不知不覺的走到高府的花園中，高府花園不大但十分雅致，小橋流水，松樹奇石錯落有致，微風徐徐吹來，李世民整個人都覺得清爽了起來。花園中央有一座涼亭，李世民朝著涼亭走去，想去那兒坐著好好乘涼。一進亭，才發現涼亭桌上有一個黑白子棋盤，一位穿著白衫的姑娘坐在亭中，臉被手中的《孫子兵法》遮住，只聽見清脆的聲音從書後傳出：「敵眾我寡……這該怎麼解呢？」

　　李世民聽到這話，仔細瞧了瞧棋盤中的局勢是黑棋勝過白棋，想來這位姑娘是在為白棋想反敗為勝之法。李世民沉思了一會，舉手拿起白棋往棋盤中一擺，朗聲道：「這樣下如何？」

　　姑娘一聽到有人出聲，抬頭才發現涼亭中不知什麼時候已經多了個穿著藍色打獵服的年輕人，這個年輕人五官中最明顯的就是那雙清亮且炯炯有神的眼睛。此時李世民也看到對方是一位氣質清新、五官秀麗的小姑娘。姑娘水汪汪的眼睛向棋盤一瞥，發現原本處於劣勢的白棋已經逆境重生，殺出一條生路來，姑娘心想：「這位公子這步棋下得真是奇險，不過倒也是個突破困局的辦法。」她不服輸的好勝心被挑起，思索幾秒後，拿起另一顆黑棋，清聲道：「若是這樣……」伸手將黑棋往棋盤中一擺，白棋

所殺出的一線生機又被封鎖住了，姑娘抬起頭，用挑戰的眼神望著李世民道：「白棋又該如何呢？」

李世民被姑娘這步高妙的棋挑起了興趣，當下坐了下來，認真的與姑娘下起棋來。兩個人可說是棋逢敵手，雙方都十分投入，連天色暗了也沒察覺。

這位姑娘就是長孫靜，她自幼喜歡下棋，棋藝高超，放眼京城只有哥哥長孫無忌可以跟她匹敵，平日也只能自己一人扮演白棋與黑棋兩方，自己對下。今日好不容易遇到一個對手，當然不願放過。長孫無忌久等不到李世民回書房，於是親自到花園找人，正好看到李世民伸手放下最後一子白棋，打敗了長孫靜。

長孫靜望著棋盤愣了幾秒後，沒有生氣反倒嫣然一笑，道：「公子棋藝高超，長孫靜甘拜

下風。」長孫靜笑時，五官更顯得靈動，李世民被這笑容給吸引而呆住，直到長孫無忌拍了他一下才醒過來。

此時的李世民與長孫靜都還不曉得兩人的終身大事，已經藉由王羲之的書法與一場棋局而締結了。

話說高士廉隔日就去唐國公府，為自己的外甥女提親。李家早就聽說長孫靜的名聲，當然欣然接受，這對年輕的佳偶就這樣締結了一段美好的姻緣。

婚後兩人的感情十分融洽，長孫靜自小愛好讀書，思慮周密，常能協助李世民做出正確的決定。李世民與妻子兩人還常常用下棋來推演《孫子兵法》的攻防之術，這對李世民日後領兵打伐有很大的助益。而長孫無忌與李世民年紀相仿，一個能文一個能武，因著親戚的關係兩人更加

親密，長孫無忌成了日後李世民打天下不可或缺的重要人物。

少年英雄，初露頭角

此時，隋文帝已經過世，由他的二兒子楊廣繼位，後世稱之為隋煬帝。隋煬帝在位的這幾年間，隋朝國力已經遠遠比不上他父親隋文帝時，因為他的個性好大喜功，短短數年間就發動了三次遠征高句麗的戰爭，結果不但沒有將高句麗征服，反而浪費了許多人力與金錢。為了打仗，朝廷只好不停的招募軍人，許多農民被迫離開田地從軍去，田地長時間無人耕種只能任其荒蕪。農地沒有生產米麥，老百姓就沒有東西可以吃，許多軍人留在家鄉的妻小都餓死了。除此之外，隋煬帝又開鑿南北運河與新建宮殿，造成更多家庭家破人亡。於是全國各地反隋的叛變像火苗

般，一處一處點燃蔓延。

大業十一年（615 年），隋煬帝出巡北方邊塞，突厥突然率十萬騎兵來襲，將隋煬帝圍困在雁門，動彈不得。隋煬帝急得將親手寫的詔書塞在竹筒中，順著水流流出，命令全國各地的軍馬趕來救他。李世民也奉父親李淵的命令，趕到雁門救皇帝。李世民到了雁門後，先花了數天觀察當地地形，並打探了突厥與隋軍的兵力狀況後，才求見駐紮當地的將軍雲定興。

軍營內，燭火映照著雁門的軍事部署圖，裡頭坐著全副武裝且好幾天沒睡的雲定興將軍以及李世民。

「雲將軍，在下李世民，謝謝您的接見。」李世民向前拱手敬禮道。

「廢話少說！年輕人，你說有解救陛下的計畫，我才見你

的。你最好是不要浪費我的時間，有好計謀就趕快提出！」雲定興懷疑的看著眼前這位雙眼有神的少年道。

李世民並沒有被雲定興威脅的話語嚇到，當下從容朗聲道：「如今敵眾我寡，敵強我弱，前去救援只能用險招，『多設旌旗，倍增火灶』。」

「此話怎講？」雲定興問道。

「突厥人敢圍攻我朝陛下，一定是仗著……」李世民停頓了一下，才緩聲道：「國內情勢不穩，兵力四散，緊急間，我們無法集結大量的軍隊救援。」

雲定興苦笑了一聲，他想到國內各地的反隋暴動，道：「明眼人不說暗話，小兄弟這兩句『國內情勢不穩，兵力四散』真是太輕描淡寫了，我看應該改成『岌岌可危』才是。」

「所以只能以險致勝，賭上

一賭。」李世民用堅定的眼神直視著雲定興，道：「請將軍大張軍容，多設營帳及火灶，白天在遠近數十里間插滿幡旗，夜晚則擂鼓相應，火灶不息。同時，也派遣幾位通突厥語的士兵假扮成突厥兵，到突厥陣營中散布我大軍已抵達的消息，讓突厥人誤以為我方大隊救兵已到，聞風而逃。」

　　雲定興稍加思索，利害立見，當下依著李世民的計謀行事。果然，突厥人中計，突厥偵察兵回報：「隋朝大軍來了，從紮營數十里來判斷，軍隊人數眾多。」謠言散布在突厥軍中，搞得軍隊裡人心惶惶，突厥只得匆忙撤圍，引兵退去。這是李世民首次嶄露頭角，這一年他才只是個十六歲的少年，這次事件可看出李世民敏銳的戰略頭腦與英雄膽識。

　　突厥退兵的當晚，隋煬帝召

開了盛大的慶祝晚宴，隋煬帝要
藉著盛大的宴會，好好彌補自己
被圍困這陣子的鬱悶，其中當然
也免不了對雲定興以及李世民的
獎賞。這場慶功宴上，李世民臉
上微笑沒有停過，許多人都來向
他敬酒道賀，李世民眼光偶爾瞥
向坐在上位已經醉醺醺，與侍女
調笑的隋煬帝，心中若有所思。
當慶功宴結束後，李世民微醺的
躺在床榻上休息，腦中卻浮現一
幕幕來雁門路上所看到的情形：
田地荒蕪，房屋傾倒，街頭遍布
遊民與乞丐，這樣的情景讓人看
了心頭都為之一酸；對照著慶功
宴上大魚大肉、歌舞喧譁的情
形，李世民眉頭深鎖，心中第一
次產生了疑惑:「陛下算是好皇帝
嗎？我真的要對這樣的皇帝盡忠
嗎？」

　　往後的數年，許多人將李世
民心中的疑惑付諸行動，他們覺

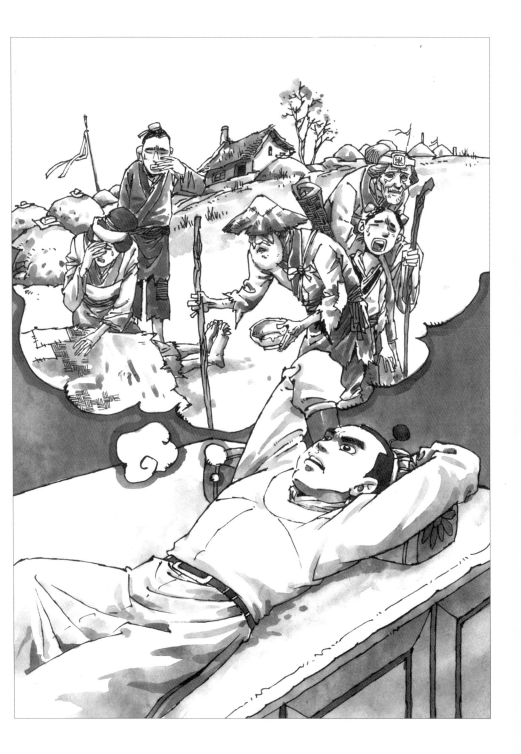

得隋煬帝是個不合格的皇帝，百姓在隋煬帝的統治下過著水深火熱的生活，人民紛紛起來反抗，而後匯流成三股最主要的勢力，分別是：李密領導的瓦崗軍、占據河北的竇建德，以及霸據江淮的杜伏威，這三股勢力就像是三把鋒利的刀，插向隋王朝的心臟。

2 策略得宜，建立唐朝

培養實力，潛結英俊

話說，李世民的疑惑同樣的也在李淵的心中迴盪著……。

大業十三年（617年），李淵被隋煬帝任命為太原的留守＊，李淵出發前找來了李建成、李世民與李元吉三個兒子面談，並交代他們事情。

「明日我將出發至太原，路途遙遠，世民跟我一道去。建成你是哥哥，你跟弟弟元吉一起留下，在河東好好經營。」李淵道。

李元吉年紀最小，自小好勇

放大鏡

＊留守　古代的官名，專門被派到京師、陪都或是重要的軍事重地上，管理當地的軍隊、人民與財政相關事務的高級官員。李淵等於是太原的最高官員。太原自古就為各朝代西北方的邊防重鎮，形勢險要，歷來是兵家必爭之地。

愛鬥，聽到李淵的話後，當場出聲大叫道：「爹，您不公平。為什麼只讓二哥去？我也要去。」

李建成雖不出聲，但臉色也不好看，心中暗想：「爹什麼都讓二弟去，之前已經讓二弟去救陛下，出盡了風頭。也不想想誰才是長子……。」

「元吉，不准胡鬧，爹讓你和建成留在河東是有重要的事要交辦你們的。」李淵望著神色不滿的李建成與李元吉，以及在一旁默不出聲的李世民，端出父親的架勢，嚴肅道。

「爹，什麼重要的事？」李建成問道。

「潛結英俊，密招豪友。」李淵走到李建成與李元吉的面前，道：「我觀察河東這個地方，地靈人傑，人才輩出。目前天下局勢動亂不安，日後會怎樣誰都不知道。只有培養好實力，才能應付

未來不可知的發展。」李淵看著李建成與李元吉，拍拍他們兩人的肩膀道。

李淵這段話，雖說得很不清楚，但三兄弟都是聰明人，當場就明白李淵已經有起事的打算，才會要他們暗中招募人才。三人當下心中都覺得熱血澎湃，李建成與李元吉立即拱手，大聲道：「孩兒遵命，一定不會辜負爹的期待。」

出發前往太原之前，李世民與長孫無忌騎馬到城郊附近。此時秋天的山林已經褪下綠色的裝扮，染上一層少女般嬌羞的紅暈。涼風微微吹來，馬兒腳踩著滿地火紅的楓葉沙沙作響，李世民英姿勃發的騎著馬，突然他朝著旁邊的長孫無忌道：「無忌，我們來比賽，看誰先騎到前方那個山坡上。」說完，拉著韁繩，雙腳

用力一夾，往前衝去。

「喂喂喂，世民……說是比賽，你都先跑了，還比什麼比？」長孫無忌看著李世民的背影大聲喊道，趕快拉緊韁繩追上去。

等長孫無忌到達山坡上，李世民的馬早已悠閒的在一旁吃草，李世民站著不動眺望遠方。長孫無忌走到李世民身旁，隨著李世民的眼光望向遠方的城郭，開口道：「說吧，世民，你要說什麼？照顧靜兒的話就不用說了，這個我自然會做。」

李世民聽了豪氣的大笑，心有所感的道：「無忌，你真是我生平的知己。我尚未開口，你就知道我心中所想。除了靜兒的事要拜託你之外，也想要跟你討論一件事……。」李世民當下將父親李淵與三兄弟所講的話娓娓道來。

要知道「造反」這件事是要全家砍頭的，就連李淵也不敢將

「造反」二字明白說出，只能用暗示的方式告訴自己的三個兒子。李世民將此事告訴長孫無忌，除了需要靠長孫無忌的才謀提供建議之外，更代表對長孫無忌的信任。

「爹行事一向謹慎小心，會交辦『潛結英俊，密招豪友』的任務給大哥跟四弟＊，應該是有所打算。無忌，你怎麼看這件事？」

「嗯……」長孫無忌沉思了一會，道：「唐公政治軍事經驗豐富，我想他是在等待一個好時機。而在時機尚未來臨前，結交豪傑之士是壯大自己實力的最好辦法。但是如果由唐公出面進行這件事，又太過明顯。透過兒子

放大鏡

＊竇夫人一共為李淵生下四個兒子，依序為李建成、李世民、李玄霸、李元吉，以及一個女兒。在李淵建立唐朝前，三子李元霸就去世了。

來進行，旁人只會以為是年輕人愛結交朋友罷了。」

　　長孫無忌這段話，將李淵的心思剖析得一分都不差，只是他無法理解的是：為何留下建成與元吉，只帶著世民前往太原？但他聰明的沒有將此點出，因為父子與兄弟間的關係是旁人最難置喙的。

　　「無忌，你說得沒錯。天下紛亂，百姓流離失所，若能有一人，出面號召天下英才，撥亂反正，這才是百姓之福。」李世民說出此豪氣干雲的話，突然話鋒一轉，道：「太原……太原與河東歷代以來都是軍事重鎮，一樣人才濟濟，你知道太原有什麼豪傑之士值得結交嗎？」

　　「唔……這麼說倒是有一個人，具備經世韜略之才……。」長孫無忌緩聲道。

獄中謀劃，太原起兵

李世民隨李淵到太原後，就到處打聽長孫無忌所說的人，這個人是誰呢？

他名叫劉文靜，也是官宦世家出身，在太原擔任晉陽縣令多年。但因為與插向隋朝心臟上的一把刀——瓦崗軍李密是親戚而受到牽連，被摘了烏紗帽，關到監獄裡去。李淵身為太原的留守，是太原最高的官員，李世民是李淵的兒子，要到獄中見一個人當然不是難事。李世民打聽到劉文靜被關於何處後，便私下安排到獄中見劉文靜。

監獄裡。

「二公子，關在那裡面的就是劉文靜。」獄卒指著最遠處的牢房。

獄中光線昏暗不清，隱約看到牢房中一個人坐著的身影，李

世民從懷中摸出一袋碎銀，壓低聲音道：「這點小意思請你和兄弟們喝酒，這裡我幫你們看著，你們放心的去酒樓休息一下。」

獄卒興高采烈的接下，將一干人等都帶走，只留下李世民。

牢房中一個精瘦的中年男子坐在稻草堆上，望著李世民，聲音沙啞無力的道：「我都說我不是李密的同夥，不管怎麼問，我還是不知道瓦崗軍的事。」

「劉先生，誤會了。在下李世民，聽聞劉先生有經世之才，特此入獄相見。」

「哈哈哈……」劉文靜大聲狂笑道：「哈哈哈……在此亂世中，徒具經世之才有什麼用？還不是身陷牢籠，一籌莫展。」

「俗話說，時勢造英雄。在此亂世，正需要有才之士，同心齊力來撥亂反正。」李世民話說完，雙眼炯炯有神的望著劉文

靜。

　　李世民這番雄心壯志的話，如同在劉文靜平靜的心湖中投下一塊大巨石，打動了劉文靜。劉文靜個性耿直，一向自視甚高，做不來逢迎巴結的事。而隋煬帝只寵幸會拍馬屁的官員，所以劉文靜雖當官許久，一直都只是地方上小小的縣令。劉文靜從來沒有想到，會有人賞識他而到獄中相見，心中既喜悅又感動，口氣激動的道：「世上都是先有伯樂，才有千里馬。唉……可惜千里馬常有，而伯樂卻不常有。千里馬須伯樂，名臣更需要明主的賞識。承蒙李公子看得起，我定當鼎力相助。」當下敞開心胸，與李世民詳談了起來……。

　　「當今天子放著京城大興不管，只在江南享樂。天下局勢，大賊占據州縣，小盜盤據山頭，急需要一位名正言順的君主來平

定這亂世。」劉文靜道。

李世民聽出這話裡的玄機，馬上接著問：「何謂『名正言順的君主』？」

劉文靜眼神直盯著李世民，緩聲道：「先入關者為王。」

「先入關者為王……先入關……」李世民尋思，突然低喊：「你是說先攻取大興？」*

「沒錯。」劉文靜隨手拿起稻草桿，在地上畫了兩個圈，道：

放大鏡

＊伯樂是春秋時代著名的相馬師，有一次他在街上，突然眼睛一亮，看到前方有一匹難得一見的千里馬，可是千里馬的主人不知道這匹馬的價值，只是把牠當作一般拉車的馬匹使用。伯樂看到千里馬身上車轅的痕跡，覺得很心痛而當場淚如雨下。後來人們就把具有賞識人才眼力的人比做「伯樂」，而把有用的人才比做「千里馬」。在這裡，劉文靜將自身比喻為千里馬，而李世民則是賞識他的伯樂。

＊「入關者為王」的典故是出自項羽與劉邦的故事。秦朝末年，天下大亂，項羽及劉邦都起兵抗秦，當時兩人約定：「誰先入關，就可以當王。」劉邦雖然比項羽早一步入關，但卻因兵力比不上項羽而退讓，項羽自稱「西楚霸王」，封劉邦為「漢王」。秦朝首都為咸陽，「入關」就是占領咸陽；隋朝的首都是大興，劉文靜以「入關者為王」暗示占領大興。

「我在此地擔任縣令多年，太原地區的百姓，在我的召集之下，大約有青壯男子十萬人。唐公手握太原兵權，也有數萬人。太原與大興……」指著地上兩個圈圈，中間畫了一條線，道：「相距不遠，只要一揭旗幟起兵，趁虛取大興，不用半年，即可號令天下，完成帝業。」

李世民聽了劉文靜這番話，內心更確定了起兵反隋的念頭。之後的日子裡，他便常常來牢裡找劉文靜商議事情。

另一方面李世民將劉文靜這番話告訴李淵，李淵心中也覺得非常有道理，但他始終按兵不動。雖然他身邊的親信、李世民以及向來與李淵交好的晉陽宮副監裴寂，一直勸他早日行動，但李淵心中對於起兵一直猶豫不定。

不久後，北方突厥突然南

攻，正好給李淵一個募兵的理由，加上身邊人的推波助瀾，遠近豪傑壯士紛紛加入。大業十三年（617年）李淵正式宣布起兵反隋，自稱大將軍。同時，李淵也下令留在河東的李建成與李元吉兄弟倆，帶著他們結識的才俊志士們，迅速前往太原會合。

奇謀策略，平撫二敵

這天大將軍府中，李淵父子四人與長孫無忌、劉文靜等一群謀臣一起商討起兵後的策略。

「文靜，世民將你之前進攻大興的策略告訴我，我覺得你說得很有道理。可是……」李淵看著掛在牆上的地圖，「若朝著大興進軍，前方要與隋軍對抗，右方有突厥虎視眈眈……。」

「哼哼，左方還有你親戚李密的瓦崗軍，這個情勢怎麼看都不太妙。」李元吉挑釁的看著劉文

靜道。李元吉這話一說出，當場氣氛變得很尷尬，劉文靜臉色尤其難看，而李建成則在一旁等著看好戲。李建成與李元吉都相當在意沒有參與太原起兵的決策，因為那時他們都在河東，起兵是由李世民與劉文靜主導，而李元吉對於李世民自小就存著較量的心態。

「四弟，你說的是什麼話！疑人不用，用人不疑，這個道理你不懂嗎？」李世民馬上斥責李元吉。

李淵這時也出聲訓誡道：「元吉，你說話太不知輕重了。」李元吉只得閉上嘴，乖乖的站在一旁。

劉文靜心想：「此時若不開口，肯定被誤會。但對於李密之事，我最好避嫌。」於是劉文靜先把話題轉向突厥，開口道：「唐公，您說得沒錯。突厥兵勢強

悍，與其跟他們為敵，不如一起合作，先安撫他們。」

「一起合作？怎麼合作呢？」

「突厥會三不五時的侵犯中原，貪圖的就是錢財寶物。我們可以用利誘交換的方式，給他們金銀財寶，交換作戰所須的馬匹。」劉文靜答道。

「妙計！妙計！」李世民喜道：「突厥人的馬匹，體型高大卻動作輕盈，適於長途行軍。如果真的成功，我們就可以將交換來的馬匹跟中原馬匹配種，以後中原的馬匹也可以像突厥馬一樣高大強健。」李世民自小練習騎射，熱愛馬匹，對於馬的品種、飼養頗有一番心得。

李淵聽了直點頭，表示贊同。「那誰要代表去跟突厥交涉呢？」

劉文靜站了出來，眼睛望著李淵朗聲道：「唐公若信任我，我

願意擔任使者，去與突厥交涉。」

「呵呵呵呵，元吉年紀輕，不懂事說的話，文靜不要放在心上。出使突厥這個重任，就靠你了。」李淵一句話將這個重責交給了劉文靜，同時也表示信任。

「突厥的問題解決了，那瓦崗軍的威脅該怎麼處理?」一直不說話的李建成終於開了口。

李世民看了長孫無忌一眼，長孫無忌當場意會，於是開口道:「據我所知，目前瓦崗軍正全力攻打東都洛陽，這段時間一定不希望再多一個敵人。我建議可由唐公您親自寫信給李密，表示交好，兩軍結成同盟，如此雙方都不用擔心對方隨時來攻。」

大夥聽了都覺得這是個好主意，於是，李淵故意用謙卑的口吻寫了一封信給李密，信裡頭大力吹捧李密。李密接到信後，果然非常高興，馬上認為自己是反

隋起兵的盟主，對李淵之後進軍的行動抱著旁觀的態度。就這樣，李淵父子靠著智慧計謀，不費一兵一卒，便平撫了最大的一個障礙——瓦崗軍。

一哭轉機，建立唐朝

李淵命令四子李元吉留守太原，將軍隊分成三軍，自己統領一軍，李建成與李世民各率領一軍，浩浩蕩蕩的從太原出發，全力進攻大興。出發前，李淵發布了一道軍令：「嚴禁軍隊傷害百姓，搶奪百姓財物，違者軍法處置。」

老百姓這幾年來生活困苦，不論是反隋的流民賊盜，或是隋朝的鎮壓軍隊，都是看到糧食財物就搶。只有李家軍，軍紀良好不擾民，因此受到百姓大大的歡迎。李淵父子與士兵們同甘共苦，身先士卒，一路上披荊斬

棘，陸陸續續將占據州縣的大賊，盤據山頭的小盜一一收服，眼看漸漸接近大興了，這時軍隊卻受挫於天氣與隋朝大將宋老生。

李家軍軍營裡，李淵與李建成、李世民兩兄弟、長孫無忌、裴寂等人商討軍事。

「這連日豪雨不停，道路泥濘難行，我們在此紮營已經半個多月了，糧食也漸漸不足，軍士們開始浮躁起來，不能再這樣下去了。」裴寂苦著臉道。

「裴寂說得沒錯。」李淵道：「我接到太原來的消息，突厥人蠢蠢欲動，準備襲擊太原。我軍將士的家人都在太原，若太原遭到侵略，士氣肯定更加低落。加上這天氣，連老天爺都不肯賞臉，困坐在此也無濟於事。」李淵停頓了一下後，用眼神巡視了大

家，才續道：「我認為我們應該急速收兵回太原，太原是我們的根本，這根據地絕對不能失去。」事實上，李淵對於「起兵反隋」這件事，內心始終反覆不定，因為忠君愛國的思想長久深植於他心中，他很怕自己被後人視為「亂臣賊子」，所以一遇到阻攔，李淵馬上就退縮了。

「爹，我反對。」「爹，我也不贊同。」李建成與李世民兩兄弟年輕氣盛，志在四方，反而沒有李淵的這種顧忌。

「雨不可能一直下，天總會放晴，而且劉文靜來信說突厥人答應跟我們結盟，不可能這麼快就反悔。」李建成勸阻道。

「可是到現在劉文靜都沒有現身，搞不好突厥人臨時毀約，進攻太原。四公子年紀尚輕，我擔心他無法應付突厥軍……。」裴寂一向膽子小，質疑道。

「你多慮了，文靜擅長言辭，我相信突厥一定會認同文靜的分析，不會毀約的。隋將宋老生有勇無謀，且自視甚高，等天晴後，我軍只要派幾名輕騎在城門外叫囂放話，宋老生一定會開城迎戰的，只要攻進城內不怕沒有糧食。」李世民反駁道。

「不，我覺得還是返兵回太原才是上策……。」

「不，不，不，我們應該持續下去，等天晴……。」大家意見不一，左一句「回太原」，右一句「堅守在此」，來回不停的爭論。

李淵皺著眉頭看著眾人爭論，突然沉聲道:「我決定了，回太原。」

「可是爹……。」

「不要再說了。」李淵抬手制止李世民說下去，「一切就這麼決定。天色不早了，大夥回去休

息，明天拔營回太原。」話說完，就回營去休息了。大夥看主帥已決定，也只能各自回營，只有李世民還呆立在原地不動。

李建成拍拍李世民的肩膀道：「二弟，爹心意已決，我們只能照令行事，你也早點回去休息吧。」說完，也回營去了。

當晚，寂靜無聲的軍營裡，突然傳來一陣哭聲，一開始只是斷斷續續的哽咽聲，後來變成嚎啕大哭。在寂靜的夜裡，這哭聲更加的明顯。「是誰在哭啊？」李淵被吵醒，起身披上外衣走到帳外一看，發現李世民坐在地上，哭得兩眼紅腫，驚訝的開口責備道：「世民，大丈夫有淚不輕彈。你哭成這樣像什麼話？」

「爹……，」李世民一邊擦淚，一邊哽咽道：「現在軍隊前進，就能獲得勝利；但只要一後退，士氣就會潰散。原本是光明

正大起兵，現在一遇阻礙就撤退，也會被嘲笑為落荒而逃；更何況敵人若趁此時攻擊，就是死路一條。想到死期將至，我不禁悲從中來啊！」

李淵看著李世民紅腫但是卻依然堅定的眼神，他知道這個二兒子毅力與耐力都比常人持久，嘆了一口氣搖搖頭道:「罷了罷了……事情的成敗都在你身上了。你堅持不退兵能得勝，就依你的意思行事吧。」

說也奇怪，當李淵決定不退兵後，天氣就開始好轉，太陽也露出笑臉來。幾天後，劉文靜帶著突厥馬百匹與糧草加入陣營，原來他也是因為天候不佳，而被困在半途。李世民與李建成將士兵與馬匹重新編列，讓休息許久的士兵們練習騎射，待體力與精神都恢復到平日的水準後，就向宋老生正式宣戰。

　　這天，李世民與李建成帶著數十名輕騎，來到宋老生堅守的城下，眾人齊聲開口叫罵道：「沒膽的宋老生，只會避守城內，不敢迎戰我李家軍，算什麼英雄好漢？根本就是隻縮頭烏龜！」

　　「宋老生畏畏縮縮，連他手下的人也都膽小如鼠，當然不敢跟我們勇敢的李家軍對抗啊！」叫罵後，李世民跟李建成還用手指指點點互相討論，大夥哄然大笑。

　　城牆上的守兵們看到李家軍挑釁的舉動，每個人都氣得牙癢癢的，宋老生更是火冒三丈怒罵道：「可惡，兩個口出狂言的無毛小子，老虎不發威，被你們當成病貓。來人啊，隨我出城應戰。」話一說完，就騎上馬，拿起大刀，開啟城門應戰。

　　李世民一看宋老生出城應

戰，眼神與李建成交換了一下，撂下話：「宋老生，有本事來追我。」說完雙腳用力一夾，轉身往後方奔去。宋老生一聽更是怒火攻心，領著士兵追去。宋老生追趕了數里，突然一陣箭雨朝宋老生兵馬射來，士兵紛紛中箭落馬，這時他才驚覺不對，低喊一聲：「可惡，中計了。」

原來李世民早在數里外安排了箭陣，箭手們動作迅速整齊，一排射完馬上往後換下一排，箭雨密布，宋老生的軍隊為了尋找遮蔽早已亂成一團。此時，李建成領兵從後方包圍，切斷宋老生回城求援的道路。宋老生就像甕中鱉一樣，前有李世民，後有李建成，兩側又有飛箭襲擊，完全被包圍住。雙方展開激戰，在一片混亂的情形下，李家軍又放出謠言：「已經抓到宋老生了！已經抓到宋老生了！」

　　隋軍以為主帥被捕，軍心大失，不一會功夫，隋軍死的死降的降，宋老生也在混戰中被一刀砍死，失去守門將領的城池也很快被攻下。李世民用毅力與妙計贏得了這場關鍵性的勝利。

　　城牆上，改掛上李家軍的旗幟，李淵下令：「嚴禁傷害百姓，城中一切照舊，並開穀倉，濟飢民。」

　　幾天後，李世民與長孫無忌在城內街上漫步。「無忌，你看城中的百姓生活又恢復了常態，彷彿日前的那場大戰沒有發生一樣，希望老百姓能一直像這樣安居樂業。」李世民看著街上店家開店依舊，街上老百姓臉上沒有任何恐懼的表情，微笑道。

　　「也多虧你這個『開穀倉』的提議，才能將城內的民心馬上穩定下來。」想起李世民半夜噑啕

的哭聲，長孫無忌笑謔道：「古有孟姜女哭倒長城，沒想到你這一哭，竟也有同樣的效果，讓我軍攻掠下一城。」

李世民一聽臉都紅了，吶吶道：「無忌你別笑我，我那時真的想不出辦法來，急得快哭出來了，才心生此計……。」

「大丈夫做事情不拘小節。你這一哭，可說哭得正是時候啊！呵呵呵……。」長孫無忌不放過這個難得可以取笑李世民的機會。

確實如長孫無忌所言，因著李世民不放棄的堅持，打贏了這場取得大興前的重要戰爭。自此以後，李家軍一路勢如破竹。不到半年的時間，就攻下了大興，改立隋煬帝的孫子代王為帝，尊稱在江南的隋煬帝為太上皇。隔年，隋煬帝在江都被部下宇文化及所殺，李淵在大興接受禪讓為

帝，是為唐高祖，改元「武德」，改大興為長安。立長子李建成為太子，次子李世民為秦王，四子李元吉為齊王，揭開了唐朝帝國的序幕。從太原起兵到建立唐朝，時間正好一年。

3

一統天下，兄弟鬩牆

威服群雄，得罪後宮

　　唐朝雖然已經建立了，李淵也成了皇帝，但全國各地還是有許多支反隋的軍隊，許多領導者也都自己稱帝封王，割據一方。唐王朝建立後面臨的第一個挑戰就是：平定各地的叛軍。

　　長安大殿上，李淵望著黑壓壓一片的文武百官，開口道:「我朝新建立，百廢待舉，而外面又有強敵環伺。朕決定讓太子在長安負責處理國政大事，秦王率兵對外作戰。」李淵心裡是這麼打算的：李建成以後會成為皇帝，從現在起就開始熟悉國事，培養處理政務的本領，所以留在長安；而李世民熟讀兵書，正好實際磨練一下，培養鍛鍊他成為一個好

將領。

李建成與李世民同時站出來，拱手朗聲道:「兒臣遵旨，定不負父皇所託。」

秦王府書房中。

「無忌，今日早朝上對父皇交辦的事情，你有什麼看法?」李世民看著坐在前方品茗的長孫無忌問道。

「咳……咳……咳……，」長孫無忌一時間被茶嗆到，瞪了李世民一眼道:「王爺啊，你就不能等我把茶喝完，再問我這個難題嗎?」

李世民微笑道:「呵呵……就是因為是難題，才迫不及待的要找你商量。」

「真是好事都不找我，壞事難事才想到我。唉!真是交友不慎啊。」

「哈哈哈!能者多勞嘛。」

　　長孫無忌無奈的看著李世民，想了一會後道：「目前天下大勢，最主要的幾股割據勢力，分別是西邊的薛舉，以及東邊的李密、王世充、宇文化及、竇建德等。目前東邊對我朝還不會有直接的威脅，所以可以先迎戰西邊的薛舉。」長孫無忌分析道。

　　「嗯……東邊的李密、王世充、宇文化及等人互相征戰，我們不用去湊熱鬧，先隔山觀虎鬥，以逸代勞。」李世民點點頭，道：「那就決定先西後東，先對付西邊的薛舉吧。」

　　就這樣，一步一步，自唐朝建立，李世民就不停的出征，往後三、四年間，先後平定全國各地的勢力，如薛舉父子、劉武周、王世充、竇建德等。李世民一直立下戰功，對於有能力的人都非常敬重並以禮相待，所以天下許多名士像杜如晦、房玄齡都

主動投奔，而尉遲敬德、秦叔寶、程咬金這些降將也都心甘情願的在李世民麾下效力。

特別是尉遲敬德的投靠，更是讓李世民如虎添翼。尉遲敬德勇猛過人，膚色黝黑，人稱「黑面將軍」，最擅長的兵器是「槊」*。當初尉遲敬德帶著一群部下投降李世民，沒想到，這些部下對唐軍很不滿，趁著半夜都逃走了。李世民手下軍官一發現，不管三七二十一就把尉遲敬德五花大綁的捉來，等著李世民審問。

「這到底是怎麼一回事?」李世民看著把尉遲敬德捉拿起來的軍官問道。

「王爺，尉遲敬德的屬下全都逃跑了。尉遲敬德一定是詐降，趁這個機會打探我軍軍情，

＊槊　是一種長矛的兵器。

然後指使部下逃走，準備在別處東山再起。王爺，請您下令處斬尉遲敬德。」軍官瞪著尉遲敬德，憤恨的道。因為唐軍很多士兵之前都死在尉遲敬德的長槊下，所以很多人都對尉遲敬德懷恨在心。

「如果是像你所說的，為什麼尉遲敬德沒有跟著逃走呢?」李世民問道。

「這……這……」軍官愣住，過了一會才說:「這是因為他另有陰謀，對……尉遲敬德一定是另有陰謀。」

「這些都只是你的猜測罷了，我待尉遲將軍一片赤誠，他不會背叛我的。」李世民反駁道。

「王爺，」站在一旁的長孫無忌，看著雙手被鐵銬鎖住，仍一副心高氣傲模樣的尉遲敬德，低聲對李世民道:「尉遲敬德驍勇善戰，自視甚高，現在我們已經將

他捉拿，不管他有沒有造反之心，只怕日後也會懷恨在心，繼續留在軍中可能會成為後患。」

李世民環顧軍營中眾人，沒有一個人為尉遲敬德求情，暗自嘆了一口氣後道：「不要再說了。沒有證據，就殺降將，這樣以後有誰敢投靠我軍？快將尉遲將軍鬆綁。天色已晚，你們先下去休息，我跟尉遲將軍談談。」

大家看李世民如此堅持，知道以李世民的個性，只要下定決心，就很難改變，只好作罷，紛紛回營休息。

當下帳內只剩李世民與尉遲敬德。

「尉遲將軍，你有沒有什麼話要說？」李世民道。

「沒有什麼好說的，王爺懷疑我，就將我殺了。反正唐軍每個人都看我不順眼，虎落平陽被犬欺，我認了。」尉遲敬德抬高

頭，驕傲的道。尉遲敬德這段話講得高明，道出唐軍缺乏容人的雅量，也暗指李世民是犬。

一般人聽到這樣不知好歹的話，早就將尉遲敬德拖下去斬了，但李世民卻不以為意，懇切的道:「將軍是當世的英雄，我一向敬佩將軍的武藝及膽識。君子相交貴坦誠，我知道將軍身處我軍中有許多難處，若你不願屈就於此，這裡有一些路資，略表我的心意。」

尉遲敬德先是驚訝的看著李世民，心想:「李世民要讓我走？他不怕縱虎歸山，我又東山再起成為他的敵人嗎?」後又轉念深思:「李世民這樣以誠相待，士為知己者死，人生在世，不就是求一知己？……目前天下群雄各據一方，李世民容人與賞識人的胸襟，已具備君主恢弘的氣度。還是……。」下定決心後，尉遲敬德

雙膝一跪對著李世民朗聲道:「王爺這樣對我，敬德並非草木，豈會不知感恩。所謂日久見人心，敬德不在意其他人怎麼看，從今以後我這條命就是王爺的，赴湯蹈火在所不辭。」

「將軍快請起，將軍肯留下來就是我最大的榮幸。」李世民連忙將尉遲敬德扶起，笑容滿面，無比的高興。

李世民憑著個人自身魅力與慧眼識英雄的能力，就像一塊磁鐵般，使天下的賢士與能將慢慢的聚集到他身邊。

武德四年（621年），長安大街上張燈結綵，鞭炮「劈哩啪啦」放個不停，百姓每個人都一臉興奮，站在街道兩旁望著城門的方向，引頸期盼著。

「秦王又打勝了，聽說這次抓到反賊首領王世充!」一個年輕

小夥子興奮道。

「年輕人，不只這樣，聽說連竇建德也都抓回來了。」站在旁邊的大叔道。

「大叔啊，那秦王功勞更大囉。你說皇上這次會封秦王什麼呢？秦王現在已經是太尉兼尚書令＊了，好像沒有什麼好封他的了。你想……」年輕人聲音突然變小：「會不會改封秦王為太子啊？」

「改立太子？有可能喔，你想想看，之前隋文帝原本立的太子是長子楊勇，後來不也改立第二個兒子楊廣為太子，就是那個壞事做盡的隋煬帝。唉，皇宮裡的事，變來變去，不是我們老百姓搞得清楚的。」

footnote
放大鏡

＊「太尉」主管全國的軍事，「尚書令」相當於宰相，所以李世民身兼武將與文臣中最高的職位，僅次於皇帝李淵與太子李建成。

突然前方一片喧譁，鼓鑼大作，「秦王回來了！秦王回來了！」「秦王班師回朝了！」

只見李世民騎著高大的駿馬，身披黃金甲，經過幾年征戰的洗禮，他的身形更加壯碩，大將之風表露無遺，眉目間充滿勝者的驕傲，他面露笑容看著滿街歡迎他的百姓。騎馬跟在他身後的是長孫無忌、杜如晦、房玄齡、尉遲敬德、秦叔寶、程咬金等人。

李世民從歡迎隊伍中百姓快樂的表情，可以看出他們對現在的生活都很滿意，因此再次肯定當初起兵的決定。他突然想開個玩笑，轉頭對跟在後面的長孫無忌道:「無忌，你看，幾乎全城的人都出來迎接我們了，這樣風不風光？你可別再說好事都沒有你了。哈哈哈……。」

「呵呵呵……。」長孫無忌看

著盛大的歡迎隊伍，心中也為這次統一北方的勝利感到驕傲。突然他發現有個熟識的身影站在後方的小巷口，當下特別留了意。

街道後方巷子口，站著兩個完全沒有感受到熱鬧氣氛的人。

「李綱，你有聽到剛剛那兩個人的話嗎？」衣著華麗，年約三十左右的男子，臉色不佳的看著前方歡迎隊伍道。

「太子殿下，市井小民隨口說的話，您不用太在意。」李綱道。李綱是李淵幫李建成請的老師，李建成心胸狹隘，加上有時舉止過於放縱，所以李綱常常勸誡李建成。

「是嗎？我就不信我這個太子，比不上秦王。」李建成緊握雙手，憤恨的道。說完轉身就走，不想再看這個歡迎場面。

李建成會有這樣的反應，是因為唐朝剛建立的前幾年，根基

尚不穩固，受到來自各方勢力割據的威脅。而李建成貴為太子，卻只待在長安處理國事，不像李世民四處征戰建立功勳，相比之下，太子反而沒有什麼功績。而當李世民聲望越來越高時，李建成也起了妒忌之心，這也埋下了日後兄弟相爭的種子。

秦王府花園中涼亭內。

夜晚涼風徐徐吹來，李世民與妻子對坐亭中，閒話家常。

「王爺，您凱旋歸來好幾天了，總算有一個晚上是沒有慶祝晚宴的，可以待在府中好好休息了。」

「是啊！沒想到宮廷宴會幾天開下來，比我騎馬打仗一整年還累。」李世民伸了一下懶腰，吐了一口氣道：「夫人，我要謝謝妳把今晚的邀約都推掉了，我才能好好喘口氣。」

長孫靜此時已是秦王妃，李

世民出外征戰時，她負責掌管整個秦王府，也經常進宮侍奉李淵與後宮的妃嬪們，李淵也常稱讚秦王妃的孝順。長孫靜微笑的看著李世民，雖然自成婚後兩人聚少離多，但這並不影響兩人的感情，因為李世民雖在軍中，但每隔數日就捎來一信，與她分享軍中的一切。

李世民突然想到昨天在皇宮中舉辦的慶功宴上，李淵最寵愛的張婕妤與尹德妃在宴會席上臉色都很難看。「夫人，平日在宮中，張婕妤與尹德妃有沒有難為妳？」

「難為倒是不會，只不過兩個人都會擺臭臉給我看。」長孫靜想到此，忍不住開玩笑道：「誰教您攻下洛陽後，不分點金銀財寶給她們。」

「金銀財寶我這個主帥可一點都沒拿，全部都一筆一筆登記

在簿冊上。張婕妤與尹德妃也真是太誇張了！攻下洛陽沒幾天，就有自稱是她們娘家的人來見我，說是要挑選洛陽宮殿裡的金銀財寶，還有人向我求官做做。」李世民想到當天的情景，語氣也激動了起來。

「我才感到奇怪，您對金錢從來不在意，花點錢打發張、尹兩妃的親戚不難，怎麼會傻到去得罪父皇的寵妃。」長孫靜恍然大悟，輕聲道：「您這麼說我就明白了，您是因為求官這件事而生氣吧？」

李世民心頭一熱，嘆道：「夫人，妳跟無忌真是我李世民此生的知己啊！原本求財是無可厚非，但求官就太不自量力了。為官者，要能為百姓設想，一定要選賢任能。張、尹兩妃的親人不先掂掂自己的斤兩，一開口就是要當大官，我一氣之下，就把他

們統統趕走。對不起，夫人，讓妳在宮中難受了……。」

長孫靜輕笑一聲，道：「難受倒是不會啦。」不想讓李世民太自責，長孫靜將話題一轉道：「對了，這次跟您一起回來的那位黑面將軍，就是你信上所提救過您性命的尉遲將軍嗎？」

「是啊是啊，他就是尉遲敬德。那天可真是驚險，其他人被敵軍纏住，我一個人被敵軍團團圍住，力拼數十名勇士，體力漸漸不支，眼看著敵人的大刀朝我胸口砍來，性命即將不保，突然一支長槊擋住了眼前的大刀，救了我一命。原來是敬德發現我不見了，他拼命衝出敵陣，四處尋找，在危急的一刻正好救了我一命。」李世民想到尉遲敬德的義氣，感動的道。

「那我要好好謝謝尉遲將軍才是，因為有他，我現在才能跟

您在此閒話家常。」兩人相視而笑。

兄弟鬩牆，烈馬毒酒

東宮中，李建成與李元吉一邊喝著酒，一邊抱怨著。

「大哥，父皇真是太偏心了，竟然封了個『天策上將』*給二哥，地位比所有大臣與親王都高，僅次於父皇與您，歷朝以來，從來就沒有這個官職。」

李建成原本悶著頭喝酒，聽到這話，大口灌了一杯酒，自諷道:「世民只要再多立幾次功，我看他馬上就是太子了。」

「大哥，我是站在您這邊的。我有一個主意，可以讓您穩坐太子之位……。」李元吉低聲在李建成耳邊道出。

李建成聽完臉色一變，遲疑道:「這樣好嗎？世民……他畢竟是我們的同胞兄弟啊！」

「大哥，您太優柔寡斷了，再這樣下去，您的太子之位早晚不保。」李元吉刺激著李建成道。

李建成最受不了別人看不起他，又想到長安大街上百姓談論的話，心中一狠，道：「你說的對，就照你的意思去做。」

一個人若本身沒有堅定的意志，就很容易在周遭人的慫恿之下，誤入歧途，正所謂：「一步錯，步步錯。」當李建成與李元吉決定加害李世民後，他們所做的一切，就像過河卒子※般，只能前進不能後退了。

放大鏡

※李淵因為李世民是秦王、太尉兼尚書令，在皇親國戚、文官與武官中都已經是最高的位置了，實在想不出還有什麼可封他的，又不能讓他當太子，因為自古傳下來的規矩，向來都是由元配的大兒子當太子，況且身為大兒子的李建成又沒有什麼明顯的過失，所以李淵特別設了這個職位，讓李世民可以自行招募人才擔任府中的官員，就是「許自置官屬」，這也成了日後李世民與李建成對抗的一個重要助力。

※**過河卒子** 指象棋的兵卒。象棋規定：兵卒只能前進，不能後退。後來用過河卒子來比喻只能前進不能後退的人。

這天李淵到長安城外打獵，太子李建成、秦王李世民與齊王李元吉一起前往。

「難得今天你們三兄弟聚在一起，不如來場比賽，以獵物多寡來定勝負吧。」李淵道。

「兒臣遵命。」三人齊聲應道。李建成與李元吉互看了對方一眼，李建成開口道：「世民，我知道你喜歡騎馬，並以騎術精湛自傲。我最近得到一匹難得一見的駿馬，跳躍力驚人，可以躍過數丈寬的溪澗，你不妨一試。」

說完，隨從牽來一匹高大壯碩的駿馬，毛色黝黑發亮，雙眼炯炯有神，鼻子還「呼呼呼呼」的吐著氣。

「果然是匹好馬，那就讓我來試試。」李世民說完，便跳上馬背，往前追趕野鹿。

李建成與李元吉看著李世民遠去的背影，露出不懷好意的笑

容。原來這匹馬雖然是駿馬，但有個很大的缺點，那就是不論誰騎著牠跳躍，牠都會弓起馬背，將騎馬的人摔倒在地。李建成府中很多騎士都被這馬摔成重傷。

李世民當然不知道這件事，他騎著馬，心裡還讚道：「果然是匹好馬，跑起來既快速又穩健。」他看到前方有一條溪澗，心想正好試試這馬的跳躍力，於是雙腳夾緊馬身，用力拉緊韁繩，準備跳躍。不料，這黑馬突然發狂，將李世民拋甩出去。所幸李世民身形靈巧，雙腳輕點路旁的大石縱身一躍，挺立在數步之外。

旁邊的人看到都倒抽一口氣，李世民卻一言不發的再次跳上馬背，又被摔了下來。就這樣，李世民上了馬背三次，黑馬也摔了他三次，拋甩的力量一次比一次大。李世民與黑馬對視著，就見一人一馬彼此不退讓，

李世民眼中閃著不服輸的光芒。

站在一旁緊張得流了一身汗的隨從連忙出聲阻止道:「王爺,王爺……不要再試了。這黑馬一跳躍就發狂,肯定不像太子說的『跳躍力驚人』這麼簡單。」

這話提醒了李世民,他眼神一暗,生氣又難過的道:「有人想要利用這匹黑馬讓我受傷,可惜啊!生死都是命中注定的,這樣就想讓我受傷,也太小看我了吧!」

事後,李建成看到這樣頑劣的烈馬都無法讓李世民受傷,又聽到李世民的這番話,不禁怒由心生,就指使李淵的妃嬪張婕好向李淵打小報告道:「陛下,臣妾聽到外面的人都說,秦王說:『我自有天命,應該當天下的皇帝,不會隨隨便便就死掉的。』」

李淵一聽,忍不住火冒三丈,立刻召喚李世民,厲聲責備

道：「天子都是自有天命，不是妄想就可以取得的。你雖然立下很多功勞，但也不能這樣就想當天子，你為什麼這樣迫切的追求寶座呢？」

李世民連忙脫下帽冠，跪下叩頭，申辯道：「不是這樣的，兒臣沒有講過這樣的話，也沒有這個意思，求父皇明察。」

李淵仍是一臉怒氣，抿緊了嘴，不相信李世民，但也查無實證，只好作罷。

李世民因為行事一向正直，得罪了很多李淵後宮中的嬪妃，而太子與齊王則常用各種名義給嬪妃們珠寶錢財，對她們百般討好。久而久之，李淵聽到的都是太子的好話、李世民的壞話，自然而然對李世民也不信任了。偶爾朝中剛正不阿的大臣替李世民解釋，卻反而使李淵更加懷疑李世民私下結交大臣，意圖不軌。

　　然而，只要地方有盜賊為亂或突厥來襲，李淵又立刻命令李世民去討伐，事平後，又受到嬪妃的挑撥，疑心李世民兵權太大。加上太子與齊王刻意的籠絡朝中大臣與後宮妃嬪，孤立李世民。幾年下來，李世民雖然不斷立下功勞，但是「功高震主」，他在朝中的地位是越來越危急。

　　秦王府中的幕僚將這樣的狀況都看在眼底，很為李世民擔心，也多次勸告李世民要採取行動，但孝順的李世民總是硬不起心腸來。

　　有一天，李建成邀請李世民到東宮吃飯喝酒。當晚，在筵席上，李建成不斷向李世民敬酒：「秦王，來來我敬你一杯，慶祝你這次用計打贏了突厥，解除了我朝的威脅。」

　　「太子，謝謝您。可我真的喝太多了。」李世民推辭道。

「這是什麼話，二哥，你連太子敬酒都不喝，這分明就是瞧不起太子。」李元吉嘲諷道。

李世民苦笑的看著李元吉，他這個四弟從小就愛與他比較的心結，隨著年紀的增長，越結越深。他伸手拿起酒杯，道：「太子，請，這杯我乾了。」

當晚李世民被灌了很多酒，醉醺醺的回到秦王府。到了半夜，李世民突然心臟絞痛，接著吐了好幾口烏黑的血後，就昏迷不醒。

「王爺，您怎麼了？來人，快去請大夫，快去請大夫！」長孫靜嚇得臉都白了。

「大夫，王爺怎麼了？王爺為什麼一直昏迷不醒？」

大夫收回把脈的手，轉頭對著神色著急的秦王妃道：「王爺身中劇毒，幸好王爺平時身體強壯，並已吐出毒血，目前已無大

礙。但是身體還是很虛弱，需要好好休養。」

大家聽到大夫的話都鬆了一口氣。

看著躺在床上一動也不動且面無血色的李世民，年紀已逾五十、留著山羊鬍的房玄齡道：「一定是太子跟齊王下的毒手，我就想太子主動邀約，肯定是來者不善。好險出發前，已先讓王爺吃了一根百年人參。」

「早知道，我當初比賽的時候，就該一槊刺死齊王＊。」尉遲敬德拿著長槊怒道。

程咬金緊握雙手，激動道：

放大鏡

＊尉遲敬德善於避槊與奪槊，每回在戰場上都單槍匹馬闖入敵營，不論敵人怎麼攢刺都傷不了他，而且還能把對方手中的槊奪取過來，再給對方狠狠一刀。李元吉也以擅長馬上刺槊聞名，當他聽說尉遲敬德的本領後，很不以為然，當場下戰帖向尉遲敬德挑戰。比賽開始後，李元吉使盡渾身本領刺了好幾次，都被尉遲敬德靈巧的躲過，無法傷其一根寒毛，反倒是被尉遲敬德奪走手中的槊三次，最後李元吉不得不認輸，但他心中深以為恥，不准任何人再提起這場比試。

「太子跟齊王實在欺人太甚，使這種小人技倆。我們秦王府的人可不是好欺負的，咱們一起去東宮討個公道。」

「我秦叔寶早就準備好了，武器也都帶著了。」「我也是。」秦叔寶與尉遲敬德兩人附和道。

此時清亮平靜的聲音傳來，「各位將軍，此時若輕舉妄動，反而讓太子與齊王找到栽贓秦王造反的理由。」原來是長孫靜開口了，「請大家正常行事，讓外面的人無法找到藉口趁虛而入，一切等王爺清醒了再說。」長孫靜平時雖不會參與李世民與幕僚的討論，對於秦王府危險的處境卻是十分清楚，幕僚對於長孫靜的機智都十分佩服，也相當敬重她。

「王妃說的對，大家要冷靜，一切等王爺醒了再說。」杜如晦與長孫無忌附和的勸道。

在長孫靜用心的照顧下，李

世民終於在兩天後清醒，也從長孫無忌口中瞭解了情況。「夫人，這次多虧妳阻止，才沒釀成大禍。咳咳……。」李世民斜躺在床上，氣息不穩的道。

「王爺您先別說話，好好休養才是。」

李世民看著神色有點憔悴的長孫靜，以及秦王府中一干謀臣將領，突然低聲念出：「煮豆燃豆其，豆在釜中泣，本是同根生，相煎何太急＊。唉……。」眼神中藏著一抹哀傷，臉上卻是一副下定決心的表情。

放大鏡

＊這首詩是三國時代的曹植所作，又稱為〈七步詩〉。曹植與曹丕都是曹操的兒子，三個人都是有名的文學家，尤其是曹植更是思緒敏捷，才華洋溢，曹操喜歡曹植勝過曹丕，所以曹丕心中一直都很妒忌弟弟。當曹丕登上王位後，有天將曹植找來，對他說：「大家都說你很聰明，出口成章，現在我命令你在七步內作出一首詩。若作不出來，我就要砍你的腦袋。」曹植看著曹丕，向前邁步，並念出：「煮豆燃豆其，豆在釜中泣，本是同根生，相煎何太急。」「豆其」是豆子的莖，曬乾後可以當柴燒。「釜」是古代的鍋子。這首詩的意思是說：煮豆子的時候，是用豆其當柴燒，豆子被燒得在鍋子中哭泣。豆子跟豆其都是同一個根長出來的，為什麼要互相為難呢？後世用這首詩代表兄弟間不合，互相為難。

　　長孫靜聰明的什麼話都沒說，因為兄弟間的事，是其他人很難論斷的。但她瞭解李世民的個性，知道他不是個一味退讓的人，也隱隱約約覺得有什麼事情將要發生。

孤注一擲，玄武門事變

　　長孫無忌府中。

　　長孫無忌看到房玄齡與杜如晦來訪，面露喜色的道：「房兄、杜兄，若我沒猜錯的話，你們二位今天是來商議太子與齊王的事情的吧？」他對李世民老是處於挨打的局面，而房、杜兩人卻始終沒有出聲，覺得很憂慮。現在見到兩人同時來找他，心裡總算鬆了一口氣，心想：「房、杜兩人聯手出擊，太子跟齊王完蛋了。」

　　為什麼長孫無忌會這麼高興呢？這是因為房玄齡與杜如晦是秦王府中兩大軍師，李世民說

過：「房玄齡善於謀略，杜如晦處事果斷，兩人合作，所發揮的效力勝過千軍萬馬。」太子李建成也講過：「秦王府中，最要小心的就是房玄齡與杜如晦兩個人。」

「呵呵……無忌老弟，我知道你心中埋怨我跟杜老弟老是不出聲。但，我們是在等待一個好時機啊。」房玄齡緩聲道。

「沒錯，秦王雖秉性寬厚，但若將他逼急，臨危下的決斷，常是令人無法反擊的妙計＊。同

放大鏡

＊這裡所說的是李世民以妙計擊退突厥。當時唐朝北方的突厥內部也是有許多可汗（突厥的國王）在互相爭霸。有一次，突厥的頡利可汗與突利可汗相約一起率領大軍南下攻打唐朝，勢如破竹，直逼長安，情況非常的緊急，李世民靈機一動，帶著少數人馬上戰場，對頡利可汗大聲說：「我朝跟可汗訂有和親之約，你為什麼違背誓言侵犯我們？你要是個英雄，就出來跟我單打獨鬥。」頡利可汗看到李世民只帶著一百多名士兵，懷疑唐軍有詐，也不敢下令攻打。李世民看頡利可汗沒有動作，又騎馬到戰地另一端，對突利可汗說相同的話。頡利可汗看到李世民如此大膽，迷惑不已，又隱約聽到他與突利可汗談「結盟之情」、「守信」的字句，疑心李世民與突利可汗私下聯手有所計謀，對自己不利，把軍隊稍稍向後退了一點。當晚，李世民一方面夜襲頡利可汗，一方面派人向突利可汗遊說不要出兵，因為用計得宜，分化了兩位可汗，最後突厥也撤軍。

時，我們兩人心中也存著小小的希望，希望太子會在李綱的教導下，打開心胸接納秦王，也避免兄弟相爭，造成國家社稷的動盪。不料……。」杜如晦總以天下蒼生幸福為最大考量。

「不料李綱反而被太子氣走，告老還鄉。」長孫無忌想到李綱向唐高祖李淵辭官的情形＊。「太子氣度狹小，齊王凶狠殘暴，若真讓太子登上皇位，恐怕也非社稷之福。」

「現在太子與秦王結怨已深，天下人各自擁立其主，看樣子，大亂必起。在此關鍵時刻，

放大鏡
＊李綱是李建成的老師，他一直勸諫李建成不要猜忌李世民，但是屢次勸諫，李建成都不聽，一氣之下就向李淵辭職告老回鄉。李淵問李綱道：「你以前幫盜賊潘仁做事，只是小官吏；我現在聘你為太子的老師，身分尊貴，你為什麼一心只想離開呢？」李綱回答道：「潘仁雖然是個盜賊，但我每次只要勸他不要胡亂殺人，他就會停止，所以我覺得自己無愧於心。但，現在我雖然貴為太子的老師，但每次勸諫，太子都不聽，說了等於沒說，所以我覺得有愧這個職務，請陛下另請高明吧。」

我有一計……」房玄齡將聲音壓低，僅以三人聽得見的聲音低聲道：「先下手為強……。」三人又仔細討論了一番後，由長孫無忌去向李世民勸說。

秦王府書房中。

李世民聽完長孫無忌的計謀後，一句話都沒有說，面無表情的望著窗外。長孫無忌與李世民相知甚深，知道當李世民臉上越是平靜時，他心中反而是千頭萬緒。這是李世民領軍打仗後所養成的習慣，因為好的將領是絕不能在士兵面前露出著急的情緒，以免影響軍情。所以長孫無忌也靜靜的坐在旁邊喝茶。

突然門被用力的推開，一陣氣憤的叫罵聲也跟著傳入：「氣死我了，想用錢收買我，這也太瞧不起我了！」尉遲敬德怒氣沖沖的走了進來。

「尉遲將軍，發生什麼事了？誰那麼大膽，敢把你氣到怒髮衝冠？」長孫無忌好奇的問道。

「哼，還不是太子跟齊王。」原來太子與齊王看烈馬摔不傷李世民，毒酒也毒不死李世民，兩人心中又氣又急，只好想別的法子。太子準備了一大堆金銀財寶，想將秦王府中的將領及謀臣拉攏過來，孤立李世民。而他們選中的第一個對象就是曾經擊敗李元吉的尉遲敬德。

「無忌老弟，你不要看笑話。搞不好你一回府，就有美女和財寶等著你。」尉遲敬德回道。

「王爺，做大事者不拘小節，請您當機立斷。」長孫無忌起身拱手道。

「王爺您平時訓練的八百名勇士，加上我尉遲敬德，只要您一聲命令，願誓死擁護王爺。」尉遲敬德一樣拱手大聲有力的道。

　　李世民看了看長孫無忌與尉遲敬德，然後閉上眼睛。當他再次張開眼睛時，眼中透出堅定的光芒，他沉聲道：「我李世民感謝大家的擁護。無忌，你祕密通知房玄齡與杜如晦兩人偽裝後分別入府，不要一起走在街上，以免太過醒目，而被太子的黨羽察覺。」

　　幾日後，李世民進宮密奏李淵道：「父皇，兒臣對兄弟沒有半點對不起的地方，但他們卻三番兩次的要兒臣的命，彷彿是要替王世充、竇建德等賊人報仇一樣。今日兒臣要是枉死，實在沒有臉去地下見陪我平定那些賊人的士兵。」

　　李淵聽了大吃一驚，他知道李建成、李元吉與李世民這三兄弟向來不合，但畢竟是同胞兄弟。沒想到事情竟然已經嚴重到傷害彼此性命的程度了。「唉

……也是朕一直不願意面對這個問題……」李淵嘆了一口氣，道：「明日早朝，朕會問個清楚，你也早點上朝。」

隔天一大早，李建成與李元吉騎著馬一同上朝，突然一隻烏鴉飛起停在樹上「呱嘎！呱嘎！」叫了兩聲，李元吉皺著眉道：「大哥，這烏鴉不太吉利。這幾天我眼皮老是跳個不停，好像有什麼事要發生一樣。我們乾脆託病不去上朝，各自回府好了。」

「元吉，你不要自己嚇自己。宮中的守衛早就被我收買，這幾天秦王府也沒什麼動靜，我們不能示弱，應該要堂堂正正上朝去。」李建成反對道。李元吉只好與李建成一塊兒進入玄武門。

須知道要入宮上朝的官員都要通過玄武門，依照規定，一進入玄武門護衛就不能跟隨，所以太子與齊王依照慣例把護衛隊留

在門外，單槍匹馬入宮。因為玄武門的守衛早被李建成收買，因此，李建成十分放心。但他卻不知道，守衛已經改節投靠了李世民，而且早在前一天晚上，秦王府的七十名勇士已經偷偷藏匿在玄武門兩旁的樹林裡。

李建成與李元吉進了玄武門後不久，李建成也發覺有點不對勁，「元吉，情況好像有點不對。走，先回宮。」說完立即拉轉馬頭，準備奔回東宮。

此時，李建成背後傳來：「大哥，為什麼不去早朝？」李世民全副武裝騎在馬上，出聲道。秦王府中的勇士也都一個一個從樹林裡走出來。

「糟糕，中埋伏了。」李元吉著急的想要拉開弓，發箭殺了李世民，但越急越緊張，拉了三次都沒辦法拉滿弓射箭，最後放棄，拋下李建成，策馬而逃。

　　李世民趁著李建成回頭望時，拉開弓瞄準李建成，「咻」一聲，李建成已墜馬而亡。

　　另一邊，尉遲敬德率領著七十名勇士，拿著弓箭朝李元吉左右射擊，李元吉從馬上摔了下來，逃躲進樹林中。李世民騎馬追著李元吉，沒想到樹林枝葉茂密，李世民被樹枝纏住而跌下馬。負傷的李元吉看到，趁其不備奪走他的弓，打算用弓勒死李世民。就在這生死存亡之際，尉遲敬德飛馬趕到，用長槊從李元吉背後一刺，李元吉當場斃命。李世民喘著氣道：「敬德，你又救了我一次。」

　　玄武門外，太子與齊王的手下聽到玄武門內的聲音，知道事情有變，鼓譟的要攻入玄武門內。此時尉遲敬德站在牆上，手拿著李建成與李元吉的兩顆人頭，大喊道：「太子與齊王都已經

死了。」大部分人馬看到主子都死了，也就一哄而散了。

此時李淵正在宮內的海池泛舟，不曉得外面已經出了大事。看到尉遲敬德全副武裝，渾身沾滿血跡的出現，才驚訝的問道：「今日是誰作亂，你為何這副模樣來此？」

尉遲敬德恭敬的道：「太子與齊王叛亂，已被秦王舉兵平息，兩人皆已喪命。秦王怕叛軍驚動到陛下，特派臣到此護衛。」

「什麼？你說什麼？」李淵一驚，把手中的酒都翻倒在地，喃喃道：「……建成與元吉都死了。」

身旁的大臣勸道：「太子與齊王本來就沒有參與太原起義，對於建立唐朝也沒有什麼功勞，卻忌恨秦王，處處陷害，才會有今日的禍事。秦王功高望重，天下歸心，為求政局穩定，臣等建議陛下讓秦王當太子。」

李淵長嘆了一口氣，悲傷的道：「罷了罷了。該是誰的就是誰的，就依眾卿所奏吧！傳世民來見朕。」

李世民來了，不發一語，默默的跪在李淵面前，哀慟痛哭，李淵拍拍他的肩膀表示諒解。歷史上稱此事為「玄武門事變」。

長安城郊，李淵神色失落的騎著馬。李建成與李元吉的死對他的打擊很大，待在宮中觸景傷情，他只好到城外騎馬散散心。

「站住，不准再往前了。」隨侍在旁的衛士喝止一位道士前進。

道士開口道：「唐公，您忘記我了嗎？」

李淵心想：「有多少年沒有人叫朕唐公了。」當下仔細瞧了道士一眼，道士臉上那對明顯的八字眉，好像在哪兒見過，「黃雍

……你是黃雍，好多年不見了！」

「呵呵呵，陛下好記性。陛下記性這麼好，怎麼會獨獨忘了當年貧道所說的第三件事呢?」黃雍道。

李淵仔細回想:「第三件事……第一為『養精蓄銳，培養實力』，第二是『潛結英俊，密招豪友』，第三件事是……『以幼代長，避免鬩牆』。」李淵苦笑道:「以幼代長，是該如此，是早該如此的……。」

玄武門事變三天後，李淵正式立李世民為皇太子，同時下詔:「以後所有軍國大事都交由太子決策處理。」接著兩個月後，李淵傳位給李世民，年號改為貞觀。這位新皇帝就是歷史上有名的唐太宗。

4

貞觀之治

亡隋之轍，殷鑑不遠 *

月明星稀，涼風拂過，皇宮中。

「臣妾叩見陛下，吾皇萬歲萬萬歲。」

「皇后請起。」長孫靜這時已被立為皇后，她抬頭望著扶她起身的唐太宗，此時他英挺的面容充滿著自信與驕傲，黃袍加身，更讓二十八歲的唐太宗有著王者的風采。

「皇后真是用功，幾乎手不離卷。咦……《楊廣文選》，怎麼突然對這有興趣？」唐太宗看著

長孫皇后手上拿的詩集好奇問道。

「剛好在書架上看到這本書，就順手拿起來翻翻。」

唐太宗目光正好瞄到其中一段，隨口念出：「寒鴉飛數點，流水繞孤村。斜陽欲落處，一望暗銷魂。嗯……楊廣的詩的確不錯。」

「皇上，您說這個楊廣明明是個文武全才的人物，還沒當太子前，禮賢下士，屢立戰功，所以隋文帝才廢了長子楊勇改立楊廣為太子。不料……」長孫皇后輕嘆了一口氣，道：「當了皇帝之後，窮兵黷武，搞得民不聊生，又聽信小人讒言，使隋朝只傳了兩代就滅亡了＊。」

「皇后，妳突然講這個，是

放大鏡 ＊在這裡是指隋文帝楊堅與隋煬帝楊廣兩位皇帝，隋煬帝以後的皇帝並不列入計算。

不是有什麼話要說呢？」唐太宗與長孫皇后夫妻十多年，依照他對妻子的了解，她一定是有話要說。

長孫皇后只是笑笑的搖搖頭，什麼都沒有說。她相信以唐太宗的聰明，一定能自己想明白的。

隔日早晨御書房中，唐太宗突然想到長孫皇后昨晚奇怪的言談。為什麼皇后要突然提起楊廣呢？還提到隋文帝改立太子之事？唐太宗閉上眼思考，越想越是冷汗涔涔，因為他突然發覺自己與楊廣的相似性。兩人一開始都不是太子，只是被封為王的二皇子。楊廣靠著好名聲與心機，從晉王當上太子；而唐太宗靠著戰功與玄武門事變，從秦王變成太子。楊廣即位後殺了前太子楊勇；唐太宗則於玄武門前射殺了

太子李建成。楊廣是隋朝第二個皇帝；唐太宗是唐朝第二個皇帝……。

「不會的，不會的……」唐太宗低喊：「朕跟楊廣不一樣，不一樣，朕會是一個好皇帝的。」

「來人啊，快宣兵部尚書杜如晦來見朕。」唐太宗急忙吩咐外頭的內侍。

杜如晦學養豐富，熟通文史，當初李建成為了孤立秦王李世民，向李淵打杜如晦的小報告，說他的壞話，使李淵下令命杜如晦離開秦王府。當時房玄齡曾對李世民說：「王爺，如果您只是要當一位親王的話，就讓杜如晦離開吧。但是，如果您懷有大志，胸懷天下，那麼就一定要讓杜如晦來輔佐您。」李世民一聽，趕快向李淵求情，杜如晦才得以留在秦王府。事後，在玄武門事變中也證明了杜如晦的能力。

　　杜如晦一進來，尚未拜見唐太宗，唐太宗就急忙問道：「愛卿，免禮免禮。你說說看，為什麼隋煬帝楊廣明明是個敏捷幹練的人物，卻當不了一個好皇帝？」

　　杜如晦一愣，心道：「怎麼陛下這麼急著找我來，是問這個？不就是勞民傷財，好大喜功，多次遠征高句麗，建宮殿完，又開運河，搞得天怒人怨，所以我朝才能取而代之。」他看著唐太宗一副熱切想要獲得答案的表情，轉念一想：或許這是個好機會。於是他正聲道：「楊廣雖然文武兼備，但他太驕傲，覺得自己什麼都是對的，凡是跟自己意見不合的、讓他生氣的官員，不是被罷官就是被殺頭。」杜如晦停頓了一下，抬頭望了唐太宗一眼，才又開口道：「君王雖然是聖賢哲人，也應該虛心接受別人的建議，這樣有智慧的人才可以貢獻他的謀

略，有勇氣的人才可以貢獻他的力量。」

唐太宗聽了之後連忙點頭稱是，道：「愛卿所言有理，朕應該要以楊廣的例子，時時提醒自己。」

隔天早朝時，唐太宗就對所有的官員說：「當皇帝的人，如果太自大驕傲，屬下一定只會諂媚討好，忘了去思考對國家有助益的事情，就像楊廣一樣，最後隋朝滅亡了，他也難逃一死。大家一定要謹記著這個教訓，日後朕處理國家大事若有不當之處，你們一定要向朕指正。」

杜如晦的那番話深深的烙印在唐太宗的心中，唐太宗日後的所作所為，都朝著「虛心納諫，任用賢能」的方向努力。說到此，就不能不提歷史上有名的諫議大夫魏徵這號人物。

賢君太宗，名臣魏徵

唐太宗雖然當了皇帝，但在頭幾年時，他這位子其實並不好坐，因為朝廷中的官員來自四面八方，一部分是之前隋朝的官員，如李靖；一部分是與李淵一同起兵的老戰友；一部分是自己秦王府的手下；另一部分則是李建成與李元吉的部下，如魏徵。如何將這些曾經互為敵人的官員聚在一起，共同為國家興盛努力，這考驗著唐太宗的智慧，以及擔任國家領導者的能力。

唐太宗當上皇帝不久後，想起前太子李建成底下，有一個很厲害的人物魏徵，目前還被關在大牢中，就召他晉見。

唐太宗一見到魏徵，第一句話就責罵道：「為什麼你之前總是挑撥朕跟兄弟間的感情，處心積慮的要置朕於死地？」

　　魏徵一身囚衣，背挺得直直的，臉上毫無懼色，直視著唐太宗道：「哼，太子要是早聽我的，先下手為強，也不會落到今日的下場。」

　　「哈哈哈哈！說得好，說得好。朕一向敬佩你的才華，你可願意輔佐朕？」

　　魏徵一愣，很吃驚唐太宗竟然沒有生氣，反而要重用自己。魏徵直視著唐太宗道：「罪臣有一事稟告，希望陛下可以厚葬前太子。」魏徵改口自稱為臣，代表已經視唐太宗為皇帝，而請求厚葬李建成是自己最後可以為前任主子盡的心力。

　　唐太宗聽了之後，一句話也沒說，只是遙望著遠方，一會後他沉聲道：「滿朝文武，沒人敢提這件事，這的確是朕應該要做的。來人啊，傳令下去，厚葬前太子，並追封前太子為息王。」

「叩謝皇上聖恩，罪臣日後定當竭盡所能輔佐皇上。」魏徵心中一熱，感動的下跪道。

自此之後，魏徵只要一看到唐太宗的過失，都會毫不隱瞞的指出。

這天唐太宗又想到了隋煬帝楊廣的例子，剛好魏徵在身邊，就問魏徵：「你覺得隋朝滅亡的原因是什麼呢？」

「失去民心。」魏徵答。

「那你覺得皇帝跟百姓是怎麼樣的關係呢？」唐太宗又問。

「百姓就像海水般，而皇帝就像一艘漂亮的大船。」魏徵道。

「嗯……船必須在水中才能乘風前進……」唐太宗想了一下，道：「你的意思是說朕應該要多重視百姓嗎？」

魏徵點點頭，道：「不僅是這樣，所謂『水能載舟，亦能覆舟』，當百姓富足安樂，一切風

平浪靜，大船的航行就會十分順暢；若百姓挨餓受苦，就會起大風暴浪，船隨時有可能會翻覆。」魏徵抬頭看了唐太宗一眼，他知道唐太宗時時以隋煬帝的例子為戒，接著道：「像隋煬帝就是一艘翻覆的船。」

「沒錯，愛卿言之有理。但是，朕怎樣才能當個明君，避免被矇蔽呢？」

「多聽就會清明，若只單單偏信一兩個人，就容易被矇蔽。君王要多方聽取不同的意見，才不會被個別的小人欺騙。」魏徵緩緩說道。

唐太宗採納了魏徵的建議，鼓勵大臣提出意見，指正自己的過失，他再加以改正，提出更好的政策，來治理國家。

有一天，唐太宗在皇宮中宴請朝中大臣，大家都喝了一些酒，唐太宗一高興，就舉起酒杯

來大聲說：「你們大家說說，魏徵與諸葛亮相比，哪個比較賢能優秀？」

大臣一聽這問題，想都沒有想就出口道：「當然是諸葛亮。諸葛亮文武全才，出將入相，魏徵哪能跟他相提並論。」

「錯錯錯，你們這麼想就錯了。」唐太宗反駁道：「魏徵通曉仁、義、禮、智，時時刻刻都為國家百姓設想，不時上諫修正朕的過錯，輔佐朕治理國家，使我大唐國勢遠遠勝過三國時僻居一隅的蜀漢，就算跟堯舜時代相比也毫不遜色。要朕來評斷，魏徵當然是勝過諸葛亮。」

當時，因為唐太宗對於魏徵的勇於上諫大力讚揚，地方上許多官員也就有樣學樣，每天都在想皇上有什麼地方有錯，奏章如同雪片般飛來，在唐太宗桌上堆得像小山一樣高。但不是每個人

都有像魏徵一樣的見識與學養，唐太宗一開始還耐著性子一本一本閱讀，到後來越來越沒有耐性，最後生氣的把奏章往地上一丟，道：「這些官員在搞什麼？連這種雞毛蒜皮的小事也要寫奏章上諫，是沒事可做了嗎？」

此時魏徵剛好走進來，彎身將地上的奏章撿起，微笑道：「臣聽說古時候的君王會在皇宮外面豎立一個大木牌，讓百姓在木牌上書寫意見，藉此了解自己是否有過失。陛下，您覺得百姓寫的每件事情都是有建設性的嗎？」

「哼哼……朕想應該是跟這些堆在桌上的奏章程度差不多吧。」唐太宗眼睛瞪了奏章一眼道。

「哈哈哈……陛下要對自己朝中的官員有信心點，這些奏章的程度一定是勝過百姓隨意的書寫。陛下要知道自己的得失，就

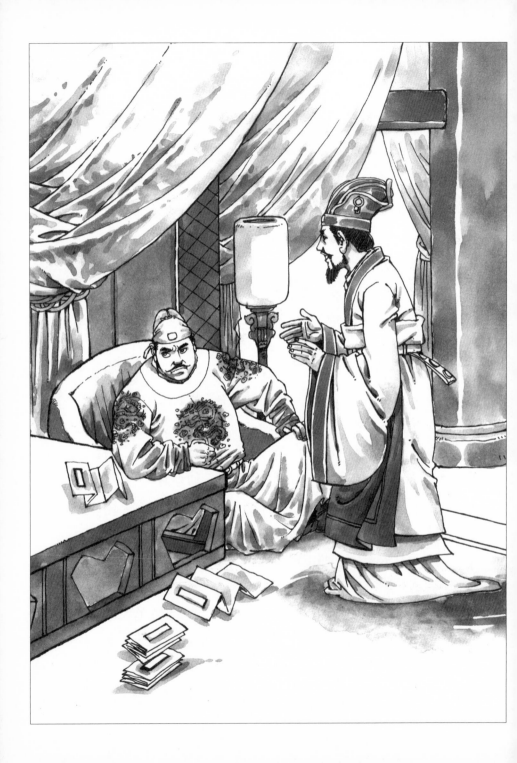

該敞開心胸，接受這些奏章。若說得不對，陛下就一笑置之即可，對朝政也沒有什麼損害；但只要有一本奏章說得對，言之有物，陛下能採納，就對社稷有很大的幫助了。」魏徵勸道。

李世民聽了魏徵的話，仔細想想也有道理，心中的氣也就消了。

又有一次，唐太宗的女兒長樂公主要出嫁，因為長樂公主是長孫皇后所生，所以唐太宗非常疼愛她，於是下令要準備豐厚的嫁妝。這些嫁妝遠超過唐太宗的妹妹永嘉公主出嫁時的數量。魏徵知道後，勸阻道:「皇女地位與輩分比皇妹小，而今皇女的嫁妝卻超過皇妹兩倍之多，這樣與禮不合。」

魏徵這話說得合情合理，唐太宗只好減少長樂公主的嫁妝，並告訴長孫皇后這件事。長孫皇

后聽了不但沒有生氣，反而露出微笑道：「其他大臣知道您疼愛長樂，即使明知嫁妝過多不合禮儀，也沒有出聲，只有魏徵明知道您會不高興，還是開口上諫，臣妾現在才知道魏徵真的是一位賢臣啊！」

隔日，長孫皇后命宦官送綢緞百匹到魏徵府中，當作賞賜，並告訴魏徵說：「因為你的正直，皇上才沒有因疏忽而違反禮儀，希望你能一直保持著這樣的正直，繼續輔佐皇上。」

因為唐太宗與皇后這樣的舉動，底下的官員也了解上諫並不會觸犯天威，皇上反而會感謝並有所賞賜。就這樣，唐朝官員一改隋朝逢迎拍馬的惡習，個個都正直敢言，因此唐太宗所頒發的每道命令都得經過百官的把關與檢驗，君臣同心努力治理國家，使唐朝達到歷史上前所未有的盛

世，百姓晚上睡覺都不用鎖門，出外旅行也不用擔心安全，人民安居樂業，史稱「貞觀之治」。

唐太宗雖然是歷史上難得一見的好皇帝，但是有時仍會有皇帝的傲氣與自大出現。

有一次唐太宗氣沖沖的回寢宮，怒火衝天的罵道:「太可惡了，朕非殺了那個鄉下人不可！」

長孫皇后覺得很奇怪，問道:「陛下在說誰呢?」

「還會有誰，不就是魏徵。他竟然在朝廷上公然的污辱朕，指摘朕的不是！朕是皇帝，魏徵擺明就不將朕放在眼裡。」唐太宗怒道。

長孫皇后聽了之後，一句話也沒說，只是往寢宮內室走去。唐太宗心裡還暗自嘀咕道:「奇怪，皇后怎麼沒有安慰朕，就這樣離開了?」

一會後，長孫皇后穿著大禮

服並戴著后冠從內室走出來。唐太宗一看，驚訝的問道:「皇后，妳幹嘛穿得這麼隆重，等會兒有什麼儀式典禮嗎?」

長孫皇后滿臉笑容，盈盈下拜道:「臣妾恭喜陛下，賀喜陛下。」

「喜從何來?皇后妳為什麼這麼說呢?」唐太宗一臉疑惑，上前將長孫皇后扶起。

「臣妾聽說只有賢明的君主，才有正直的臣子。魏徵如此正直不阿，不就表示陛下是一位賢明的君主?這當然值得恭喜啊!」長孫皇后眼中閃著智慧的光芒，眉開眼笑的道。

唐太宗被皇后這樣一稱讚，氣也氣不下去，當場一笑作罷。

長孫皇后運用智慧，化解了唐太宗的怒氣，也保住了魏徵的一條老命，這也是長孫皇后偉大的地方。唐太宗能成就「貞觀之

治」的千古盛世，除了本身才智器量過人，長孫皇后的功勞也是不可忽略的。

史書上記載，魏徵總共對唐太宗上諫了兩百多次，讓唐太宗避免了許多可能犯的錯誤。當魏徵過世時，唐太宗非常的傷心難過，悲泣道:「朕有三面鏡子，第一是每天照的銅鏡，可以看看自己的衣服跟帽子是否穿戴整齊；第二是歷史，把歷史上發生過的事情當成借鏡，讓自己不再犯同樣的錯誤；第三面鏡子就是魏徵，透過這面鏡子，朕可以知道自己的過錯。如今，朕痛失了一面明鏡……。」*

放大鏡

*唐太宗這段話在歷史上非常有名，就是所謂的:「以銅為鏡，可以正衣冠；以古為鏡，可以知興替；以人為鏡，可以明得失。」

情義將軍，門神尉遲

在玄武門事變中，立下大功又救了李世民的尉遲敬德，在李世民當上皇帝後，因為討伐北方突厥有功，官拜大將軍。尉遲敬德個性耿直，有什麼話就直說，很容易得罪人。有些人因此懷恨在心，就向唐太宗打小報告道：

「尉遲敬德仗著自己的功勞，完全不把陛下放在眼中，府中又聚集很多武功高強的江湖俠士，意圖不軌。」

「胡說八道，尉遲將軍跟朕是生死之交，他絕對不可能背叛朕，這種話以後不要再說了。」唐太宗怒斥道。

唐太宗心中對尉遲敬德的忠心毫不懷疑，但還是很好奇他對這件事的反應。有天就試探尉遲敬德道:「常常有人跟朕說你要造反叛變，真的是這樣的嗎？」

「什麼？我要造反？」尉遲敬

德一聽又怒又氣，當場脫下衣服扔到地上，大聲道：「臣隨著陛下東征西討，從來不在意自己的性命，只求保衛國家與陛下。今天站在這裡的臣，全身上下都是這些年來四處征戰所留下的疤痕，我可能會造反嗎？」尉遲敬德整個背上與胸前都布滿著箭傷和刀傷，有的已經結痂痊癒，有的明顯是新傷痕，全身上下沒有一處是完好的。

唐太宗看到後，眼眶泛紅，親自彎下腰撿起衣服披在尉遲敬德的身上，並緊握他的雙手道：「是朕失言，朕向將軍道歉，朕從來沒有懷疑過將軍的忠心。」

唐太宗因為感謝尉遲敬德，就向他提議道：「朕想要把公主嫁給你，你覺得如何？」

「臣叩謝陛下的恩典。臣的妻子雖然出身貧賤，但跟臣生活在一起已經很久了。雖然臣是個

沒有念過書的武人，但臣知道不能在富貴之後，拋棄妻子。所以娶公主這件事，就請皇上收回成命吧。」尉遲敬德堅定的道。

長孫皇后知道這件事後，嘆息道：「唉……所謂『貧賤之知不可忘，糟糠之妻不下堂』＊，尉遲將軍真是個有情有義的英雄。」於是派遣宦官帶著絲綢百匹送給尉遲將軍的夫人，也替唐太宗不當的提議道歉。

事後，長孫皇后欣慰的對唐太宗道：「陛下在文治上有房、杜兩位宰相運籌帷幄，加上魏徵時時提醒上諫，而武功方面有情義深厚的尉遲將軍，我朝一定會興

放大鏡

＊長孫皇后說的這段話是出自東漢光武帝的故事。光武帝姐姐的丈夫死了，光武帝想幫姐姐再找一個丈夫，放眼朝廷只有大司空宋弘最適合，所以光武帝就問宋弘的意思，宋弘卻回答：「臣聽說貧賤時交的朋友，富貴之後不可以忘了他們；貧賤時與你共患難吃苦的妻子，富貴之後不可休離。」光武帝聽後只得作罷。

盛強大。」

尉遲敬德最為人所熟知的形象，可能不是勇敢的大將軍，而是民間故事中所流傳的門神。話說唐太宗有一天晚上做夢，夢中有一位身穿白色衣服，身材高大的中年男子向他請求說：「我是涇河的龍王，負責掌管人間降雨，卻因為與人打賭，違背了玉皇大帝的命令，造成水災。明日午時三刻，玉皇大帝下令魏徵來殺我。請您一定要救救我。」

唐太宗好奇的問道：「打賭？是什麼事情呢？」

龍王面露苦笑道：「那天我化身為書生，來長安城大街上玩。看到廟口有一個算命師，攤前寫著『鐵口直斷』。算命師肯定的說：『隔天午時，長安城會降雨三寸三分。』我是掌管降雨的神，怎麼會不知道降雨的事？於是就跟

算命師打賭，若他輸了我就要拆了算命攤。不料……。」

「不料，玉皇大帝果真命令你隔日午時降雨三寸三分。你因為不甘心輸，所以降下多一倍的雨量，造成了水患。你可知道你賭氣的結果，害朕長安城中的百姓為水而苦。」唐太宗想到了這幾天為水患所苦的長安城百姓，語露責備的道。

「我知道錯了，所以才來向陛下您道歉並求救。」

唐太宗看著慚愧的龍王，想著這場水患並沒有造成百姓傷亡，龍王罪不及死。想了一會後道：「明日朕會宣魏徵進宮，想辦法把他留住。」龍王聽到唐太宗答應幫忙，連忙道謝。

隔日魏徵一大早就被唐太宗召進宮，討論國事，眼看事情都快討論完了，唐太宗心中暗自著急，突然瞄到長孫皇后所留下的

棋盤，靈機一動，便道：「愛卿，不如陪朕下一盤棋可好？朕一直解不開皇后這盤棋，你幫朕一起想想看。」

魏徵經過一早上消耗腦力與體力的討論國事，到了下午已經支撐不住，棋才下到一半，就打起瞌睡。唐太宗看到魏徵睡著了，心想只要讓魏徵睡過午時三刻就沒事了，所以沒叫醒魏徵，自己坐在一旁看書、批奏章。

午時三刻過後不久，魏徵突然全身大汗的驚醒，一副精疲力竭的樣子。

「愛卿，怎麼你睡了反而比沒睡更累的樣子？」唐太宗好奇的問道。

魏徵用袖子擦擦汗道：「陛下有所不知，臣做了一個惡夢，夢到自己竟然拿起大刀砍了一頭綁在柱子上、張牙舞爪的大龍，龍頭一落地，血濺四處，嚇死微臣

了。」

　　自從魏徵在夢中殺了龍王後，唐太宗每天晚上都夢到龍王提著自己的頭，責怪唐太宗沒有遵守承諾。因此唐太宗每晚都沒有睡好，身體狀況也漸漸變差。朝中大臣都很擔心，連忙商討解決之道，最後決定由既勇敢、武功又高強的尉遲敬德與秦叔寶兩位將軍守衛宮殿門口，讓龍王不敢去騷擾唐太宗。

　　說也奇怪，自此之後，龍王再也沒有出現在唐太宗夢中。雖然如此，但總不能讓兩位將軍一直不睡覺守門，於是唐太宗請來畫家，畫下兩位將軍身穿戰甲，手握武器的肖像，再將兩張栩栩如生的畫像貼在宮殿大門上，結果照樣有用。後來民間也跟著將兩位將軍的畫像貼在家門上以求平安，阻擋鬼魅進家門，這就是門神的由來。

攻打突厥，稱天可汗

除了尉遲敬德與秦叔寶之外，唐太宗還有一名很厲害的將軍名叫李靖。

李靖自幼聰明，長大後具有文才也有武功，在隋煬帝時曾與李淵一起在朝為官。在李淵還沒有起兵之前，李靖擔任馬邑的郡丞，他觀察李淵的行事與作風，發現李淵有造反的想法，立刻動身前往江南，準備向隋煬帝告發李淵。但因為兵荒馬亂，才走到大興，就無法再往南前進，只好留下來。等李淵攻下大興，想起李靖這個告密者，就命人把李靖給捉來，準備要砍了他的腦袋。正當行刑的前一刻，李靖突然大喊：「我本是隋朝的官員，發現有人要反叛，向上密報有何不對？唐公您起義是為了要平定亂世，給百姓富足安樂的生活。現在天

下尚未完全平定，就因為私人的恩怨要斬殺壯士，豈不令天下人寒心嗎？」

這時，李世民也站出來，勸李淵道：「父王，李靖文武全才，是個不可多得的人才。如果殺掉他，不僅我朝損失了一位好將領，更會讓天下人覺得我們沒有容人的雅量。兒臣擔保，留下李靖，絕對大有用處。」因為這樣，李靖才撿回了一條命。

李靖果然沒有讓李世民保錯人，唐朝後續討平各方割據勢力的過程中，李靖立下許多戰功，不過他最大的成就，是在對突厥的用兵上。

貞觀三年（629 年），北方傳來軍情：「北方大雪，凍死了許多牲畜，發生饑荒，引起突厥內部許多部落反叛，政局動盪。」唐太宗覺得機不可失，於是派遣李靖與徐世勣兩位大將，率兵攻打突

厥。

攻打突厥是朝中大事，統帥手中握有千萬兵馬與龐大軍餉，唐太宗卻全權交給李靖與徐世勣發落。對這兩位將軍的重用，再次表現出唐太宗不凡的心胸＊。

李靖接到命令後，心想：「突厥雖有內亂，但我軍要是大張旗鼓的與其開戰，一有外敵，突厥反而會團結，全力抗敵，這樣我軍獲勝的機率就不高。嗯……如果不要正面攻打，那就只能靠偷襲了……。」

李靖擬定作戰策略後，僅率領著三千名精選出來的騎兵，趁

放大鏡

＊因為當初玄武門事變前，唐太宗曾派人私下詢問李靖與徐世勣的意見，當時兩位將軍都表示不願介入太子與李世民之間的鬥爭，也就是誰也不幫的意思。徐世勣就算了，但李世民曾開口救了李靖一命，李靖在這關鍵的時刻卻不站在李世民這邊。若是一般人早就懷恨在心，找機會報仇。但李世民卻不這麼認為，他能體諒兩位將軍的心是為國家社稷服務，而不為個人所用，所以拒絕參加任何政治鬥爭。李世民當上皇帝後，對李靖與徐世勣非常敬重，也十分重用他們。

著月黑風高之時，夜襲突厥陣營。因著夜色的掩蔽，慌亂之中，突厥分不清楚唐軍人數的多寡，只聽得到刀劍相擊聲、馬匹交踏聲以及士兵們的哀嚎聲，頡利可汗嚇得心驚膽顫，驚慌的下令道：「唐朝一定是出動了全國的軍隊，要不然李靖怎麼敢深入我境突襲？看這情勢不妙，撤退，趕快拔營撤退！」

與此同時，李靖又派人帶著珍寶與美酒說服頡利可汗的一位心腹將領投降。在李靖的統領之下，唐軍氣勢大盛，突厥則兵敗如山倒，頡利可汗一看情勢不對，趁著大家不注意，就腳底抹油，偷偷逃走了。失去統帥的突厥兵，亂了陣腳，最後一一投降。

李靖大勝突厥的消息一傳回長安，百姓都歡欣鼓舞，街上鞭炮放個不停。唐太宗知道這個好

消息後，眉開眼笑的道：「哈哈哈……朕從以前就知道李靖是個百年難得一見的將才，如今果然證實朕沒有看錯人。從前漢朝的李陵帶了五千騎兵深入匈奴營地，兵敗投降。現在李靖只用三千騎兵，就把突厥打得落花流水，頡利可汗也嚇得連夜逃跑，讓我唐軍威震北狄，這是自古以來都沒有的事啊！」

　　話說頡利可汗一路逃到鐵山後，趕緊派使臣向唐太宗求饒投降，太宗也派了使臣表示安撫。仍在北方的李靖與徐世勣在軍營內討論，李靖臉色凝重的道：「看樣子，皇上好像要接受頡利可汗的請求，答應和解。但依據我對突厥的瞭解，和解只是表面上的，等春天來臨，北方草長馬肥，突厥一定又會來攻打。」
　　「將軍說得一點沒錯，突厥

一直是這樣玩兩面手法，打不過就講和，等到有力量了就來侵略，搶奪我朝百姓的金銀財寶。」年紀較輕的徐世勣將軍也贊同道。

「不如，」李靖眼中閃著光芒道：「趁朝中使臣還在敵人陣營講和，突厥缺乏戒備之時，我們選一萬精兵前往突擊。」

「李將軍，這樣不好吧！皇上的意思應該是同意和解，我們不該違逆。再說，我們還有使臣在突厥那裡，這樣……。」另外一位副將發言表示反對。

李靖目光一掃，瞪得這位副將把反對的話給硬生生的吞了下去，李靖語氣堅定道：「機不可失，國家利益重於一切。突厥並不是真心投降，如果讓他們養精蓄銳，以後就更難對付，北方百姓便將永無安寧之日。」

李靖當機立斷，率領一萬精

兵馬上前進，另一方面也命令徐世勣帶兵繞到突厥後方，切斷突厥逃往大漠的路。果然頡利可汗以為唐太宗同意講和，整個軍隊疏於防備，就連李靖已經逼近突厥營區，都還沒發覺，當然被李靖打得落花流水。李靖這一伏大獲全勝，徹底的打垮了突厥，獲得空前的勝利，也打響了唐朝的威名，震撼西域各國，西北諸蕃的國王都派使臣來長安求見唐太宗，請求太宗擔任「天可汗」，代表是天下共主。

當李靖北伐突厥大獲全勝，唐朝境內人民安居樂業時，許多文武官員都建議唐太宗進行「封禪」＊，只有魏徵反對。

放大鏡

＊封禪　這是古代天子到泰山（位於現今中國山東省）拜祭天地莊嚴且盛大的儀式。漢武帝曾經提出到泰山封禪的三個條件：第一必須一統天下，第二必須天下太平，第三必須有吉祥的徵兆出現。

唐太宗問魏徵道：「你不贊成朕行封禪，是因為國家還不夠安定嗎？」

「夠安定。」魏徵答道。

「還是四方蠻族還沒有臣服？」

「已臣服。」魏徵再答。

「祥瑞吉兆沒有出現嗎？」

「已經出現了。」魏徵續答。

「既然漢武帝所說的三個條件都達到了，為什麼魏徵還反對呢？」唐太宗在心底納悶，因為常常被魏徵糾正，所以他也養成了自省的習慣。想了一會後，太宗道：「是不是因為朕的功勞不夠高？朕的品德修養還不夠好？」唐太宗接連問了幾個問題，都被魏徵以「夠高，夠好」回答。

「那麼朕真的不明白，你反對的原因在哪？」唐太宗兩手一攤，無奈的問道。

「陛下雖然在這幾項上都很

有成就，但是我們繼承的是前朝末年天下大亂後的殘局，戶口稀少，倉庫糧食仍未完全充實。陛下千里迢迢到泰山，整個朝廷官員一定會隨行，這樣需要動用多少馬車？而且每到一處，地方官員就要負責接待，從膳食安排到住宿，需要花多少的心思與金錢呢？封禪，只是得到一個虛名罷了，這就是臣反對的原因。」

「愛卿說的有理，是朕的疏忽。不應該只是為了虛名而勞民傷財，封禪的確對國家人民一點助益也沒有。」唐太宗虛心的接受了魏徵的建議，打消封禪的念頭。

賢明皇后，晚年憾事

自唐太宗即位後，長孫靜就當上皇后，也就是大家所熟知的長孫皇后。她本身機智聰明，待人又親切和善，並沒有因為當上

皇后而有任何改變，服飾與飲食都是力求儉樸，不管是後宮嬪妃或是朝中大臣，講到長孫皇后都只有稱讚，更不用說唐太宗本人對長孫皇后的敬重了。

當長孫靜剛當上皇后時，發現後宮閒置的宮女人數眾多，她對唐太宗說：「臣妾認為宮中實在不需要這麼多的宮女。這些宮女長年離開父母的身邊，獨自一人待在宮中生活，實在很可憐。陛下何不讓她們回家跟家人團聚，或是在宮外找人婚配，也免得在宮中虛擲年華，孤老無依。」

唐太宗也贊同這個提議，於是許多宮女終於可以回家跟家人團聚，因此都很感激長孫皇后的慈悲心。

當唐太宗生病時，長孫皇后一定是日夜不休的在他身旁照顧，常常太宗病好了，皇后卻因為太過操勞而生病了。

　　長孫皇后本身患有氣喘，身體狀況並不好。當長孫皇后病重時，看了很多名醫、吃了許多珍貴的藥材，可是病情都沒有起色。太子李承乾＊心中非常的著急，就跟長孫皇后說：「母后，兒臣想請求父皇大赦天下，或許這樣廣開善門，老天會顯顯神蹟，讓母后的病痊癒。」

　　「咳咳咳……傻孩子。」長孫皇后面色憔悴，伸出手摸摸李承乾的頭道：「生死有命，這哪裡是人力可以改變的。再說，大赦天下這是國家大事，怎麼可以因為我生病就大赦。你千萬不能跟你父皇提起。」

　　唐太宗知道後，心裡覺得又欣慰又難過。欣慰的是皇后連生病都還時時惦記著國家，不願因為個人而影響國家政策；難過的

　　＊他是李世民與長孫皇后的大兒子。

是，皇后的病情始終沒有起色。

當長孫皇后病危時，唐太宗守在病床前握著她的手，哀傷道：「皇后，皇后……妳還有什麼心願沒有完成，妳告訴朕。」

長孫皇后虛弱的露出笑容道：「陛下……臣妾只有三件事請求。第一是請不要鋪張為臣妾舉辦葬禮及興建陵寢，臣妾生前對百姓沒有什麼貢獻，死了更不該讓百姓操勞。第二是希望陛下能繼續親近君子，接受大臣的忠言，不要輕易發怒。」

「朕知道，朕知道，皇后妳放心。」唐太宗紅著眼眶難過的說著。

「第三件事……」長孫皇后目光轉向跪在遠方的太子身上，面色憂慮的低聲道：「請多讓承乾親近賢臣，遠離聲色犬馬。他日假若……他真的犯了什麼過錯，也請陛下饒他一死，就當是臣妾

這個當娘的私心吧！」

貞觀十年（636年），長孫皇后年僅三十六歲就去世了，唐太宗非常的傷心難過。自此之後，后位就一直空懸著，沒有再立任何人當皇后。

正所謂：「知子莫若母。」長孫皇后過世前的第三個請求，果然在不久後就要唐太宗兌現。李承乾是唐太宗與長孫皇后的嫡長子＊，當李世民當上皇帝後，理所當然的李承乾就成為太子，當時李承乾才八歲，聰明活潑，深得太宗的喜愛。

李承乾自幼生長在宮中，不知民間疾苦，長大後嗜好聲色犬馬，討厭跟賢良之士結交。加上

放大鏡
＊由原配所生的孩子，稱為「嫡子」；而由妾所生的孩子，稱為「庶子」，在中國歷史上一直有著「嫡貴庶賤」的傳統，就是嫡子優先繼承父親的地位及財產。太子李承乾、魏王李泰與晉王李治都由長孫后所生，他們三個人都是唐太宗的嫡子，也是在排名上最能繼承皇位的人。

李承乾的腳有點跛，心中一直有著自卑感，討厭別人看不起他，因此更熱衷打獵與作戰的遊戲，搞得東宮侍衛的臉上與身上經常有傷。唐太宗對這個好勇鬥勝的兒子一直很頭痛，先後聘請了許多老師教導太子，例如：曾為李建成老師的李綱，以及當時有名的學者張玄素，希望能讓李承乾藉由接近文人賢士，收斂他好勇的心性。唐太宗常對東宮中輔導太子的大臣說：「朕十八歲之前，都隨著高祖四處調遷，因為這樣的經驗，所以對於老百姓的生活以及痛苦，都能體會。當上皇帝後，在處理政事上，還是不免會犯錯。太子從小生長在宮中，沒有見過百姓生活艱苦的一面，自然不能體會，所以你們要時時提醒並規勸太子。」

但是這樣子的努力似乎是白費的。有一次，張玄素上奏規勸

道：「太子，這個月東宮的花費已經超過七萬錢了。您知道嗎？七萬錢可以讓一戶平常人家充裕的過上好幾年了，臣希望您能有所節制。臣每次進宮見太子，都發現您身邊圍繞著許多只會拍馬屁的侍從，卻不見東宮中正直的大臣。」張玄素停頓了一下，看著李承乾苦口婆心的道：「希望您能多跟賢者親近，遠離小人。唉……良藥苦口，會苦的藥才能治病，不好聽的話才可以幫助德行，希望太子明白。」

李承乾聽完，臉色非常的難看，一句話也不說的，大袖一揮就轉身離去。當晚張玄素在回家路上遭到太子挾怨報復的派人埋伏偷襲，使得張玄素幾乎喪命。唐太宗知道這件事後，氣得把太子痛罵了一頓，並撤離東宮中對太子有壞影響的人。沒想到，太子不但不知悔改，還埋怨唐太

宗。父子兩人因此展開了冷戰。

唐太宗對太子的所作所為感到非常的失望，與太子相比，唐太宗反而更加寵愛四兒子魏王李泰。李泰善於寫文章，喜好文學，唐太宗覺得李泰喜好文學這點跟自己很像，所以特別准許李泰在自己的府裡設置一個文學館，許多文人雅士也因為這樣，都聚集到李泰的門下。李泰身材非常的胖，行動不便，從宮門到宮內有一小段距離，唐太宗特別准許李泰可以乘著轎子入宮，避免李泰走得大汗淋漓，氣喘吁吁。又有一次，唐太宗為了常看到李泰，甚至下令李泰搬進宮內，經魏徵上諫反對，唐太宗才作罷，由此可知唐太宗對李泰有多麼疼愛了。李泰仗著自己是唐太宗最喜歡的兒子，興起了當太子的念頭，所以私下賄賂官吏，讓他們到處講太子的壞話。

　　朝中幾位賢良的大臣把太子與魏王的明爭暗鬥看在眼裡，都相當憂慮。像褚遂良就曾經上諫提醒唐太宗：「太子與親王地位有別，太子的地位僅次於陛下。但是現在陛下對魏王的寵愛明顯多於太子，這樣不是一件好事，若有小人挑撥離間，很容易出事的。」

　　在此我們先放下太子之爭，來介紹一下褚遂良這個大臣。褚遂良是誰呢？他是唐朝非常有名的書法家，現在我們學書法所臨摹的字帖，很多都是出自他的手筆。唐太宗非常喜歡書法，將書法列為科舉考試的項目之一，讀書人只要寫得一手好字，就能當官，所以大家紛紛練習書法，造成唐朝的書法藝術非常興盛。唐太宗有一次向魏徵抱怨道：「自從虞世南過世後，朕就再也找不到人可以好好討論書法了。」

　　魏徵聽到這話，突然腦中閃過一個人名，就向太宗推薦道：「臣認識一位年輕人名叫褚遂良，對書法相當有研究，又寫得一手好字，陛下要不要見見他呢？」

　　唐太宗與褚遂良交談甚歡，他非常喜歡褚遂良的字，讚不絕口的道:「妙啊，妙啊！遂良用筆輕巧靈動，線條有如女子般的婉媚，又不入俗。加上對書法見識不凡，以後辨別王羲之真跡這件工作，就交給你了。」因為唐太宗對王羲之書法特別喜愛，曾下詔收購王羲之的真跡。皇帝都下詔了，天下人當然迫不及待的把家中的字帖通通拿出來獻寶，但這些字帖有許多都是假的，所以辨別王羲之墨跡真偽的工作就落在褚遂良身上了。

　　話說褚遂良除了書法造詣極高之外，對事情的看法更有獨到

之處。果然不久後，如他所預料的，有大事發生了。李承乾對於李泰汲汲營營的策劃謀取太子地位感到很不安，又看到唐太宗對魏王的寵愛勝過自己，擔心自己被廢，於是密謀叛變。不料尚未舉事，就事跡敗漏，李承乾因此被捕下獄。

唐太宗對此感到非常難過，眼眶泛紅，苦惱的自語道：「皇后，乾兒犯了大錯了……。按照國法，造反是要處死刑的。朕該怎麼救乾兒呢？如果妳還在就好了……。」

隔日早朝時，唐太宗問大臣們道：「太子造反這件事該怎麼處理？」所有大臣都低下頭不敢出聲。大家心裡都在猜測：「叛亂是要處死刑，皇上這麼問，是想要饒過太子的意思嗎？」但是誰也不敢肯定。

這確實是唐太宗的想法，但

是因為身為皇帝，需要以身作則，要是自己破壞法律，那以後還有誰會遵守律法呢？

這時終於有位大臣站了出來，打破沉默道：「為了讓陛下不失為一位慈父，也不失信於長孫皇后臨終所託，就判太子終生幽禁吧！」

這正好是太宗的想法，「如卿所奏，廢太子李承乾為庶人，幽禁在右領軍府中吧。」

然而，朝中不可一日無儲君，唐太宗私心想要立李泰為太子，但是朝中大臣，如長孫無忌、褚遂良等人卻不怎麼贊同，而是比較擁立唐太宗的另外一個兒子晉王李治。

李治個性善良慈祥，但心無大志。當李泰知道朝中大臣比較擁立李治時，就曾恐嚇威脅李治道：「你之前跟太子和李元昌＊交情很好，現在他們兩人都身陷牢

籠，我看你最好也小心一點，待在府中不要出門，免得大禍臨頭。呵呵呵……。」

後來唐太宗發現越來越少見到李治，而且每次看到他的時候，他都是一副驚恐不安的樣子。於是太宗連連詢問了好幾次，最後老實的李治才說出李泰的威脅。

唐太宗一聽當場愣住，他沒辦法相信一直以來深愛的兒子李泰竟然心思如此險惡。唐太宗定下心來仔細回想許多事，慢慢的拼湊起李泰的另一個面貌。

唐太宗想到李承乾曾在獄中向他哭訴道：「兒臣已經是太子了，怎麼可能會有造反的理由？要不是李泰一直覬覦著太子之位，處處使小動作，兒臣為了自

＊李元昌是唐太宗的弟弟，被封為漢王，他與太子李承乾一起密謀造反。

保，才不會做出這樣大逆不道的錯事！父皇，您要是立李泰為太子，就落入了他的圈套，這樣兒臣死都不會甘心的。」

褚遂良也曾上諫道：「陛下過去就是因為對魏王過於寵愛，讓魏王在禮數上超過太子許多，才會有這樣的憾事發生。今天若要立魏王為太子，難保……。」

「難保什麼？」唐太宗問道。

「魏王心性凶狠，難保太子與晉王不會遭到什麼不幸。」褚遂良拱手回道。

唐太宗望著遠方，眼睛一閉，當再次張開時，他已經下定決心了。

隔日早朝，唐太宗宣布：「朕若立魏王為太子，等於告訴天下，皇位是可以陰謀取得的。而且立了魏王，恐怕太子與晉王的性命不保。晉王李治自小仁愛，立他為太子，朕相信他不會為難

自己的同胞兄弟。」唐太宗停了一下，轉頭對被這個決定嚇著的李治道:「治兒，父皇開疆闢土，撥亂反正，奠定了我朝疆土與聲勢。你個性溫文，父皇不求你跟朕一樣，只要你多聽大臣的諫言，當個守成的君主。」看到李治點頭後，唐太宗再度朗聲道:「朕決定立晉王李治為太子。」

文臣武官齊聲歡呼道:「晉王仁慈孝順，作為太子當之無愧。」

貞觀二十三年（649 年）唐太宗病危，李治日夜守在病床邊，憂心得頭髮都白了一半。唐太宗悲傷的摸摸李治的頭道:「朕有你這麼孝順的兒子，就算死了也了無遺憾。咳咳咳……。」

「父皇，父皇……。」李治哭泣道。

「記住，只要有你舅舅長孫無忌與褚遂良在朝，你……就不用為……我朝擔心。切記……不

可……疏遠賢臣。」說完後，一代名主就這樣駕崩了。

唐太宗晚年寫了《帝範》這本書以教戒李治，其中總結了他一生的政治經驗，也對自己的功過進行了評述。他說：「朕之所以能有這樣的成就，原因有幾點：第一，朕看到別人比朕能幹聰明，完全不會忌妒，反而很高興可以與這樣的人相處。第二，人不可能十全十美，朕盡量欣賞別人的優點，而忘記缺點。同樣的，朕也會有缺點，完全仰賴賢良正直的大臣指出錯誤，才能做出對百姓朝廷最好的決定。」

唐太宗雖然只活了五十一歲，在位二十多年，但他隨時以隋朝滅亡的教訓提醒自己，用人不避親仇，鼓勵大臣上諫糾正自己，讓唐朝的文治與武功都在此時達到最高峰，是中國歷史上的黃金時代，史稱「貞觀之治」。

唐太宗

小檔案

599 年	出生。
614 年	娶妻長孫氏。
615 年	成功用計誘使突厥退兵，解除了隋煬帝雁門之圍，開始嶄露頭角。
617 年	隨受任為太原留守的父親前往太原，結識劉文靜。7月，李淵正式宣布起兵反隋。11月，攻下隋朝首都大興，立代王為帝。
618 年	隋煬帝在江都被叛將宇文化及所殺，李淵接受禪讓為帝，改元武德，改大興為長安。受封為秦王。
618～21 年	擊潰薛仁杲、宋金剛、劉武周，繼而生擒竇建德、王世充回京，威望高漲，得到軍民一致的愛戴。受封為前所未有的「天策上將」，擁有自置官屬的特權。
624 年	突厥頡利、突利二可汗舉國入寇。使計分化二可汗，成功使突厥退兵。

626 年	6月4日，玄武門事變，太子李建成與齊王李元吉被殺。6月7日，被立為皇太子。8月8日，於東宮顯德殿即帝位，是為唐太宗，大赦天下。次年改元「貞觀」。
629 年	命李靖為主帥，討伐多次侵擾北疆的突厥。
630 年	3月，生擒頡利可汗至長安，突厥亡。唐太宗因此被西北各國尊為「天可汗」。
635 年	5月，李淵崩逝。
636 年	6月，長孫皇后崩逝。此後再未立后。
643 年	正月，魏徵薨逝。2月，詔畫長孫無忌、尉遲敬德等二十四位功臣像於凌煙閣。4月，皇太子李承乾因意圖謀反，被廢為庶人。立晉王李治為太子。
645 年	親征高句麗。
649 年	駕崩。

獻給孩子們的禮物

「世紀人物100」

訴說一百位中外人物的故事

是三民書局獻給孩子們最好的禮物！

◆ 不刻意美化、神化傳主，使「世紀人物」更易於親近。

◆ 嚴謹考證史實，傳遞最正確的資訊。

◆ 文字親切活潑，貼近孩子們的語言。

◆ 突破傳統的創作角度切入，讓孩子們認識不一樣的「世紀人物」。

國家圖書館出版品預行編目資料

最能接受批評的皇帝：唐太宗 / 城菁汝著;杜曉西繪.
－－初版二刷.－－臺北市: 三民, 2010
面；　公分.－－(兒童文學叢書／世紀人物100)

ISBN 978-957-14-5031-5　(平裝)

1.唐太宗 2.傳記 3.通俗作品

624.11　　　　　　　　　　　　　　　　97003592

© 　最能接受批評的皇帝：唐太宗

著 作 人	城菁汝
主　　編	簡　宛
繪　　者	杜曉西
發 行 人	劉振強
著作財產權人	三民書局股份有限公司
發 行 所	三民書局股份有限公司
	地址　臺北市復興北路386號
	電話　(02)25006600
	郵撥帳號　0009998-5
門 市 部	(復北店)臺北市復興北路386號
	(重南店)臺北市重慶南路一段61號
出版日期	初版一刷　2008年5月
	初版二刷　2010年11月修正
編　　號	S 782150

行政院新聞局登記證局版臺業字第○二○○號

有著作權‧不准侵害

ISBN　978-957-14-5031-5　（平裝）

http://www.sanmin.com.tw　三民網路書店
※本書如有缺頁、破損或裝訂錯誤，請寄回本公司更換。